# ANTARTI

## FOTOS DE VIAJE ~ *TRAVEL IMAGES*

Fotos/*Photographs*:
**Carlos Vairo - Sergio Zagier**
Koichi Fujiwara - Santiago Imberti
Texto/*Text*:
**Carlos Vairo**

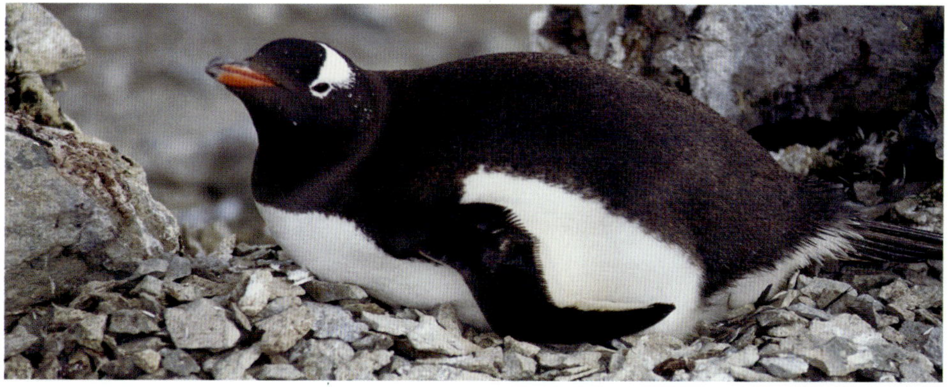

Museo Marítimo de Ushuaia

ZAGIER & URRUTY
PUBLICATIONS

ISBN 1-879568-32-2

Textos: Carlos Pedro Vairo

Traducción al inglés: Iraí Freire



Museo Marítimo de Ushuaia
EN EL PRESIDIO
9410 USHUAIA - TIERRA DEL FUEGO - ARGENTINA

ZAGIER & URRUTY
PUBLICATIONS
Las Lajas 1367 - Ushuaia
P.O. Box 94 Sucursal 19
C1419ZAA Buenos Aires
Argentina
(54-11) 4572-1050
FAX (54-11) 4572-5766
E-MAIL info@zagier.com
WEB www.patagoniashop.net

# Contenidos



# *Contents*



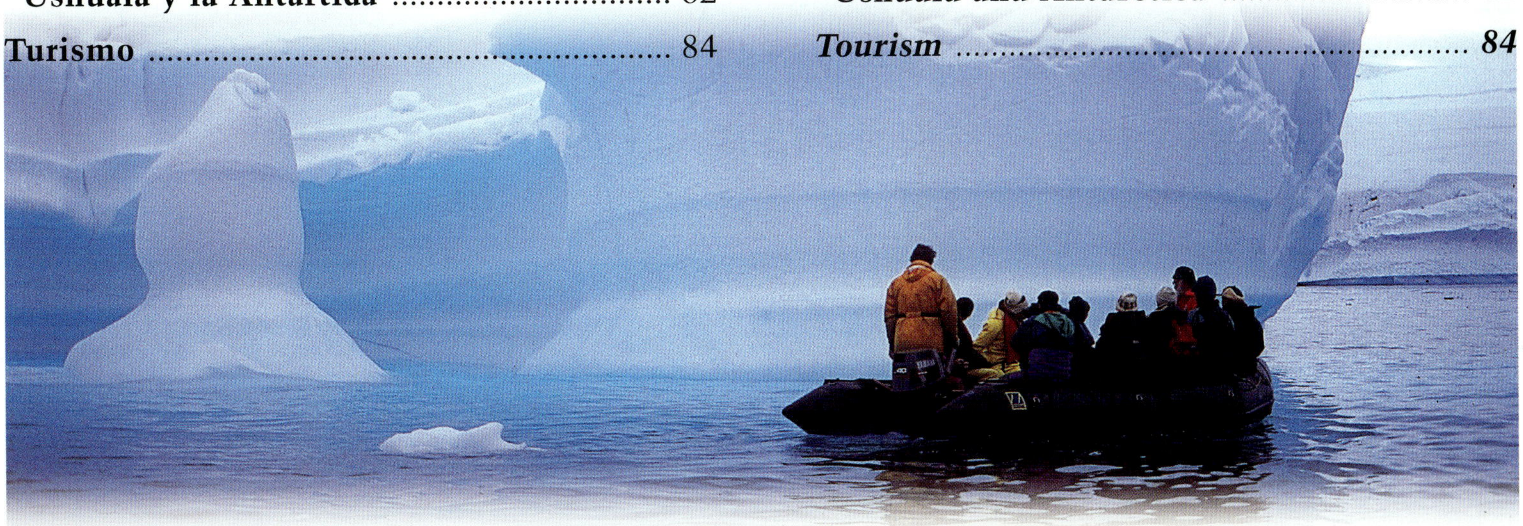

# Descubrimiento de la Antártida

Entre los cazadores de anfibios (loberos) encontramos que varios de ellos tocaron el archipiélago fueguino y por uno u otro motivo comenzaron a hacer descubrimientos en el Continente Antártico. La competencia para encontrar lugares de caza hizo que buscaran puntos apartados que mantenían en el mayor secreto posible. Así es que cuando Smith (1818) avistó por primera vez las Islas Shetland del Sur, los loberos hacía varios años que las tenían como zona de caza. Otro caso fue el norteamericano Palmer que en 1818 arribó a la Isla Decepción, convirtiéndola en su coto de caza y luego base para sus viajes que incluyeron la Península Antártica. Junto con Powell descubrieron unas islas que posteriormente fueron bautizadas Orcadas del Sur.

En una misión especial que tenía como fin circumnavegar el Continente Antártico por una latitud más austral que la navegación de Cook, el ruso Thaddeus Bellingshausen descubre la ahora denominada Tierra de Alejandro I (oeste de la Península Antártica) y navega el mar que lleva su nombre (1819/21).

El Capitán británico James Weddell (1820/24) navegó por el mar que hoy lleva su nombre llegando hasta los 74°15' de latitud sur gracias a que encontró que el *pack* de hielo presentaba grandes espacios navegables. Además de

# *The Discovery of Antarctica*

*Several hunters of amphibia (sealers) visited the Fuegian Archipelago and for different reasons they started to discover places in the Antarctic continent. The contest for finding hunting places made them to look for isolated locations that were kept secret. When in 1818 Smith descried the South Shetland Islands for the first time, sealers had been using them as a hunting area for some years. There was another case, the American Palmer arrived in Decepción Island in 1818 and turned the place into his own enclosed hunting area and later on the base of his voyages that included expeditions to the Antarctic Peninsula. Palmer and Powell together discovered a group of islands that later on would be christened South Orkneys.*

*On a special mission that had the aim of circumnavigating the Antarctic continent (at a southern latitude even further than Cook's), the Russian Thaddeus Bellingshausen discovered the territory currently known as Alexander's Land (on the west side of the Antarctic Peninsula) and sailed the sea now named after him (1819/21).*

*The British Captain James Weddell (1820/24) navigated the sea that nowadays is named after him arriving at the 74°15' south latitude thanks to the fact that he found a pack of ice with ample navigable spaces. Apart from his*

Arribando al Mar de la Flota.
*Arriving to Bransfield Strait.*

SERGIO ZAGIER

sus exploraciones y cacerías realizó excelentes observaciones de los yamanas e incluso compra una canoa de corteza pequeña (3,20 m de eslora) para reemplazar su bote perdido y hace una descripción muy exacta de la misma.

Entre las exploraciones científicas hubo tres de mucha importancia para los conocimientos sobre la Antártida, que tocaron el Archipiélago Fueguino. Por orden cronológico estas fueron: la francesa de Dumont D'Urville (1837-1840), la norteamericana de Wilkes (1838-1841) y la inglesa de Ross (1839-1843). Todas de larga duración, fueron expediciones netamente exploratorias y con misiones científicas.

Dumont D'Urville con el *Astrolabe* y el *Zelee* recorre la Península Antártica, las Shetland, intenta navegar el Mar de Weddell pero se lo impide el hielo y luego de una larga navegación por el Pacífico regresa a la Antártida donde nombra la Tierra de Adelia y regresa a Francia.

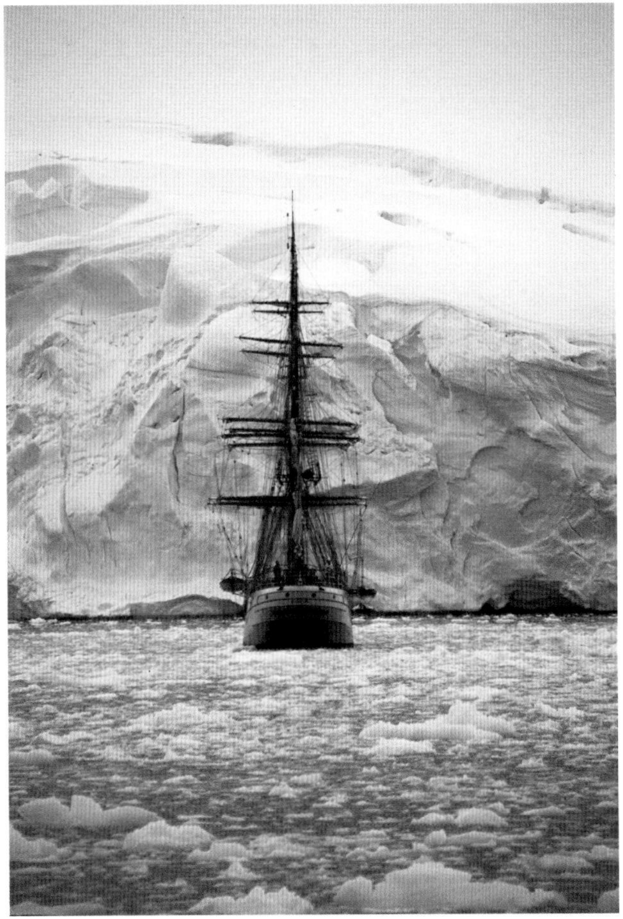

El *Europa* en Puerto Lockroy, Isla Wiencke. CARLOS VAIRO
*The* Europa *at Port Lockroy, Wiencke Island.*

*explorations and hunting activities, he carried on excellent observations on the Yamanas and even bought a small bark canoe (3.20 m long) to replace his lost boat and described it in detail.*

*Among the scientific explorations there were three of great importance for Antarctica that also visited the Fuegian Archipelago. In chronological order these were: the French under Dumont d'Urville (1837-1840), the American under Wilkes (1838-1841) and the English under Ross (1839-1843). They were all long surveying expeditions with scientific missions.*

*With the Astrobale and the Zelee, Dumont d'Urville explored the Antarctic Peninsula, the South Shetland Islands, and tried to sail the Weddell Sea, but ice prevented him from doing it; and after a long voyage along the Pacific he returned to Antarctica where he named Terre Adélie before sailing back to France.*

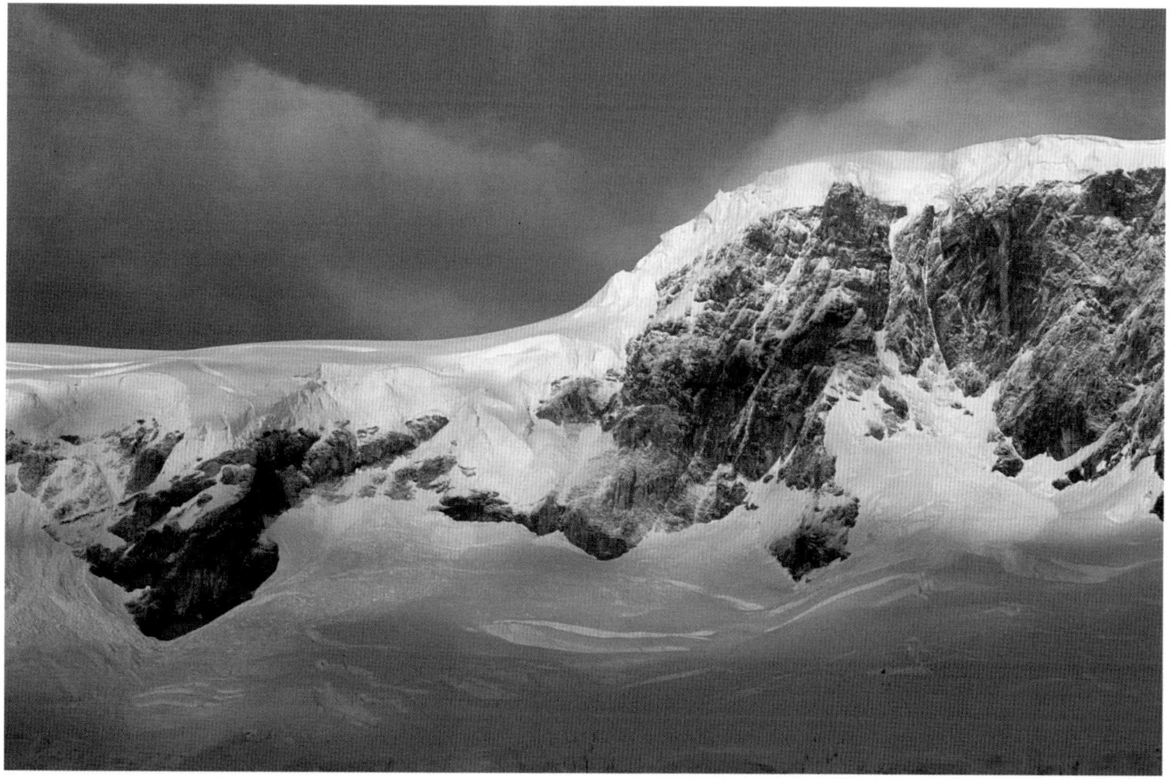

Costa Palmer, cubierta de glaciares. SERGIO ZAGIER
*Glaciers at Palmer Coast.*

Charles Wilkes, con seis barcos, tuvo distintas alternativas. Si bien la flota era numerosa no estaba preparada para esos mares, así pierde un buque, otro fue enviado de regreso y los demás sufrieron muchas averías. Los resultados fueron mediocres y los avistajes de algunas tierras jamás fueron vistas de nuevo. Estuvo fondeado en Bahía Orange y realizó unas someras exploraciones por el Archipiélago Fueguino.

James Clark Ross con el *Erebus* y el *Terror* realiza una extensa e importante campaña antártica. Uno de sus descubrimientos es la Tierra de la Reina Victoria, el Mar de Ross, la Isla Ross, la Barrera de Hielo de Ross que recorrió por cientos de millas, la Tierra de Joinville, las Isla Paulet, Snow Hill (Cerro Nevado), Cockburn, etc. Uno de los inviernos lo pasa en la Isla Hermite (de las Wollaston). Fue la expedición más importante hasta principios del siglo XX.

Dadas las perdidas de naves y vidas humanas, el interés por la Antártida decreció rápidamente. Tampoco existían muchas ventajas económicas dado que las loberías desvastadas no se repoblaban y las ballenas francas eran escasas (las demás son más combativas además de hundirse). Recién a fines de siglo (XIX) con el invento noruego del arpón disparado con un cañón y el inflado de las ballenas se retornó a la cacería de especies combativas y grandes como la ballena azul o el cachalote.

En este período solo hubo navegaciones aisladas de loberos y entre ellas podemos contar la de "El Cónsul" Smiley que con la brick barca *Davison* navegó hasta los 60 grados Sur (1848). Con el viajaba de grumete Luis Piedra Buena, allí aprendió no solo a arponear ballenas sino a ha-

*Charles Wilkes' experience —with six ships— was different. Although his fleet was numerous, it was not prepared for these seas so he lost one ship and another had to be sent back while the others had serious damages. His expedition got poor results and he descried some islands that were never seen again. He cast anchor in Orange Bay and carried some brief explorations on the Fuegian Archipelago.*

*Aboard the* Erebus *and the* Terror, *James Clark Ross carried on a long and important Antarctic campaign. One of his discoveries was Victoria Land, the Ross Sea, Ross Island, the Ross Ice Shelf where he traveled hundreds of miles, Joinville Land, Paulet islands, Snow Hill, Cockburn, etc. He wintered on the Hermite island (one of the Wollaston). It was the most important expedition until the beginning of the 20th century.*

*Given the loss of vessels and human lives, the interest in Antarctica quickly vanished. On the other hand, there were not many economic advantages as there were no new settlements in the devastated sea lions exploitations and there were a few right whales left (the rest of the species usually struggled and sank). It was not until the end of the 19th century that, with the Norwegian invention —a harpoon shot with a cannon— and the swollen of whales that warlike and large species such as blue whales and sperm whales were hunted again.*

*In this period, only isolated navigations of sealers took place. One of them was that of Smiley "The Consul," who sailed with the bark* Davison *down to 60° south (1848). The cabinboy Luis Piedra Buena was sailing with him and learning to harpoon whales and became a real sea dog*

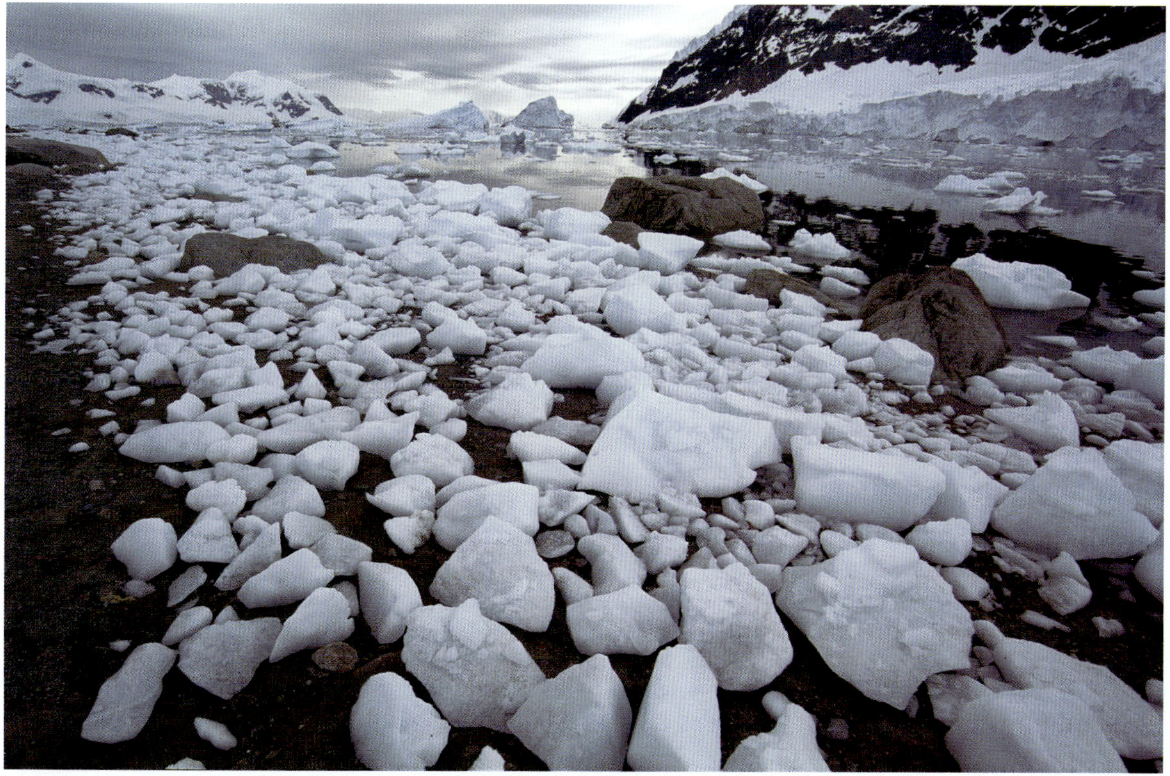

Bajamar en Bahía Guardia Nacional, Isla 25 de Mayo, Islas Shetland del Sur. SERGIO ZAGIER

*Low tide at Maxwell Bay, King George Island, South Shetland Islands.*

cerse un verdadero lobo de mar sorteando airosamente duras tormentas y peligrosos témpanos. Luego realizó otro periplo en 1852. Para darnos una idea tenemos navegando la zona al ballenero *Brisk* (1850); el lobero *Stonington* (1853); el *Samarang* (1854); el *Zoe* inverna en 1857 en las islas Heard; el *Pacific* naufraga en las islas Heard (1864); el *Somerset* en las islas Kerguelen en 1864. Estos sólo fueron algunos de los cazadores de lobos y elefantes marinos que visitaban la Antártida.

Pero se puede decir que recién gracias al VI Congreso Internacional de Geografía, celebrado en Londres en 1895, se propulsó del estudio científico de la Antártida y se motivó a las institutos de investigaciones a presionar a sus respectivos gobiernos para realizar misiones en el Continente Blanco. Un nuevo capítulo se abre en la historia de la Antártida y el desafío de la conquista del Polo Sur estaba echado.

Le suceden las expediciones de A. Gerlache (1897), acompañado por Roald Amundsen, que explora la Península Antártica y se ve obligado a invernar en ella a bordo de su buque aprisionado por los hielos. Al año siguiente inverna la expedición de C. Borchgrevink en una base montada para tal efecto.

El interés por la Antártida va tomando una importancia mayor y se despega de los "loberos" y de las expediciones a Tierra del Fuego que para ese entonces ya estaba en plena etapa de colonización.

Motivados por el VII Congreso Internacional de Geografía (Berlín 1899) comienzan las expediciones científicas, abarcando todas las ramas de la ciencia, encaradas por Alemania, Suecia, Inglaterra y Francia. Sin intención de des-

*succeeding in facing heavy storms and dangerous icebergs. In 1852, he went on another voyage. To have an idea of the situation in the area at that time we could find the whaler* Brisk *(1850); the sealer* Stonington *(1853); the* Samarang *(1854); the* Zoe, *which wintered in the Heard Islands in 1857; the* Pacific, *which wrecked in the same islands (1864); the* Somerset, *which was in the Kerguelen the same year. These were just some of the sealers that used to visit Antarctica.*

*But we may say that it was not until the Sixth International Geographical Congress that took place in London in 1895, the scientific study of Antarctica was not advanced and this meeting encouraged research institutes to influence their corresponding governments to send missions to the white continent. A new chapter was then opened in the history of Antarctica and the challenge of conquering the South Pole had been presented.*

*Then followed the expedition under A. Gerlache (1897) who, accompanied by Roald Amundsen, explored the Antarctic Peninsula and had to winter here on board icetrapped. Next year, C. Borchgrevink's expedition spent the winter at a base set up for this purpose.*

*The interest for Antarctica increased and differentiated from "sealers" and expeditions to Tierra del Fuego which at that time was being colonized.*

*Encouraged by the Seventh International Geographical Congress (Berlin, 1899), scientific expeditions started to be sent. All the branches of science were included in the German, Swede, English, and French expeditions. We are going to mention them without going into detail: Otto Nordenskjöld's (Swedish, 1901-1904); Robert Scott's (En-*

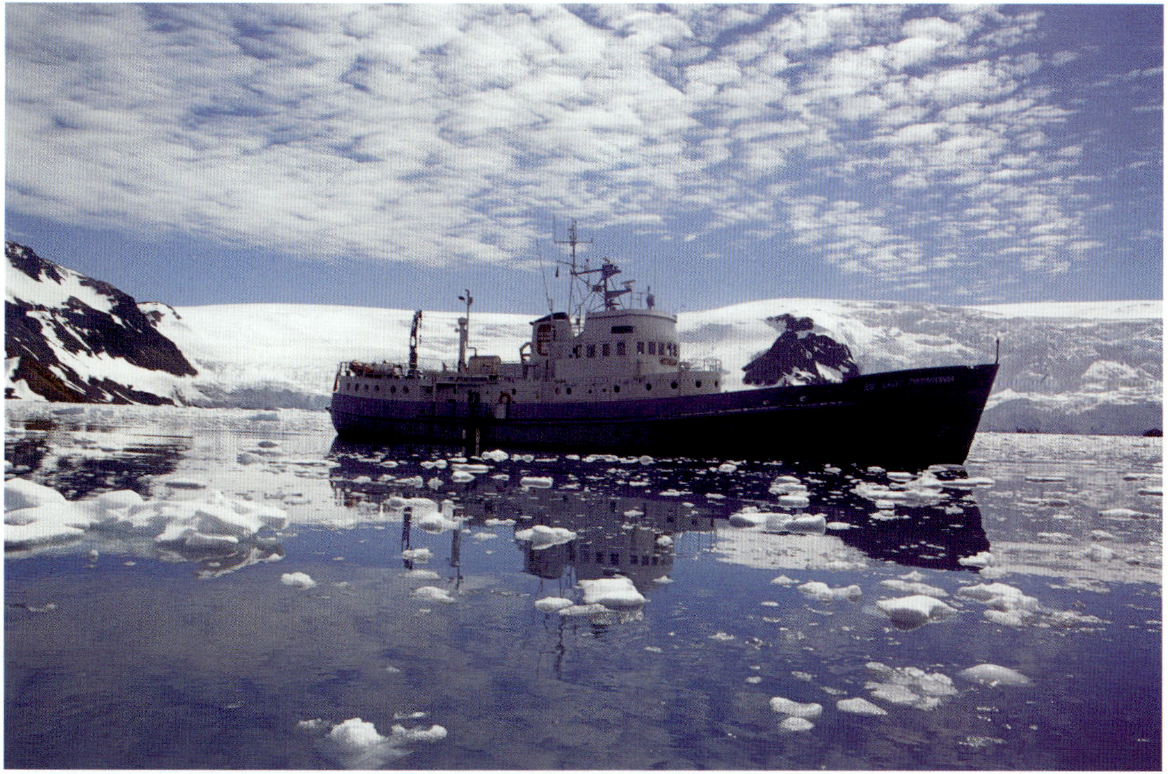

The *Ice lady Patagonia* en Bahía Lasserre, Isla 25 de Mayo, Islas Shetland del Sur. CARLOS VAIRO

*The* Ice Lady Patagonia *(Arg.) at Admiralty Bay, King George Island, South Shetland Islands.*

cribirlas ellas fueron: la de Otto Nordenskjöld (Suecia 1901-04); Robert Scott (inglesa 1901-04) que fue el primero en sobrevolar la Antártida en un globo; Prof. Von Drygalsky (alemana 1901-04); Dr. W. Bruce (escocesa 1902-04) que dejó un observatorio en las Orcadas, cediéndolo a la supervisación Argentina que lo mantuvo ocupado permanentemente hasta el presente; las expediciones francesas de Charcot a bordo del *Le Francais* (1903) y del *Pourquoi-Pas?* (1908) que invernó en las dos oportunidades.

Vale la pena hacer una aclaración. Si bien la Argentina no participaba activamente en las expediciones antárticas, hubo un par de intentos de realizarlas, ellas fueron los de Julio Popper (1893) donde pide autorización para establecer una factoría en la Antártida y la expedición italo-argentina de Giacomo Bove (1882) que luego se resumió al archipiélago fueguino. Un paso muy importante fue el rescate de la expedición sueca de Otto Nordenskjöld (8-11-1903) por parte de la Corbeta *Uruguay* al mando del Teniente de Navío Irizar, que encontró a parte de los expedicionarios en Cabo Seimour y en la Isla Snow Hill. El buque *Antarctic* que los llevaba quedó aprisionado por los hielos hasta que la presión lo destruyó. La expedición argentina dejó varios "cairns" encontrados luego por las expediciones de Charcot.

Con respecto a la corbeta *Uruguay* continuó, hasta 1922, con los viajes al Antártico donde anualmente realizaba el reemplazo del personal en el observatorio meteorológico de las Orcadas y de las Georgias del Sur. En esta última isla funcionaba en Grytviken una factoría de ballenas de la Compañía Argentina de Pesca (existían otras cuatro compañías balleneras).

*glish, 1901-1904), who was the first in flying over Antarctica in a balloon; Prof. Von Drygalsky's (German, 1901-1904); Dr. W. Bruce (Scottish, 1902-1904), who set up an observatory on the South Orkneys, then transferred to the supervision of Argentina that occupied it permanently until the present; Charcot's French Expeditions on board of the* Le Francais *(1903) and of the* Pourquoi-Pas? *(1908), who wintered on both occasions.*

*It is worth to make something clear: although Argentina did not take part actively in Antarctic expeditions, there were a pair of attempts to carry on some. Julius Popper (1893) asked for permission to set up a factory in Antarctica and Bove's expedition (1882), which later on was limited to the Fuegian Archipelago. A very important step was the rescuing of the Swedish Expedition under Otto Nordenskjöld (8-11-1903) by the corvette* Uruguay *in charge of Lieutenant Irizar. He found part of the expeditionaries at Cape Seimour and on Snow Hill island. The* Antarctic, *which was taking them was caught by the ice till the pressure destroyed it. The Argentine expedition left several "cairns" which were found later on by Charcot's expeditions.*

*As for the corvette* Uruguay, *she continued navigating to Antarctica until 1922 where every year she relieved the staff of the meteorological observatory on South Orkney and South Georgia Islands. On this last island was Grytviken, the whaling factory of the Argentine Fishing Company (there were other four whaling companies).*

*Then came Shackleton's expedition (1907-1909), which tried to arrive at the South Pole with Siberian ponies, but*

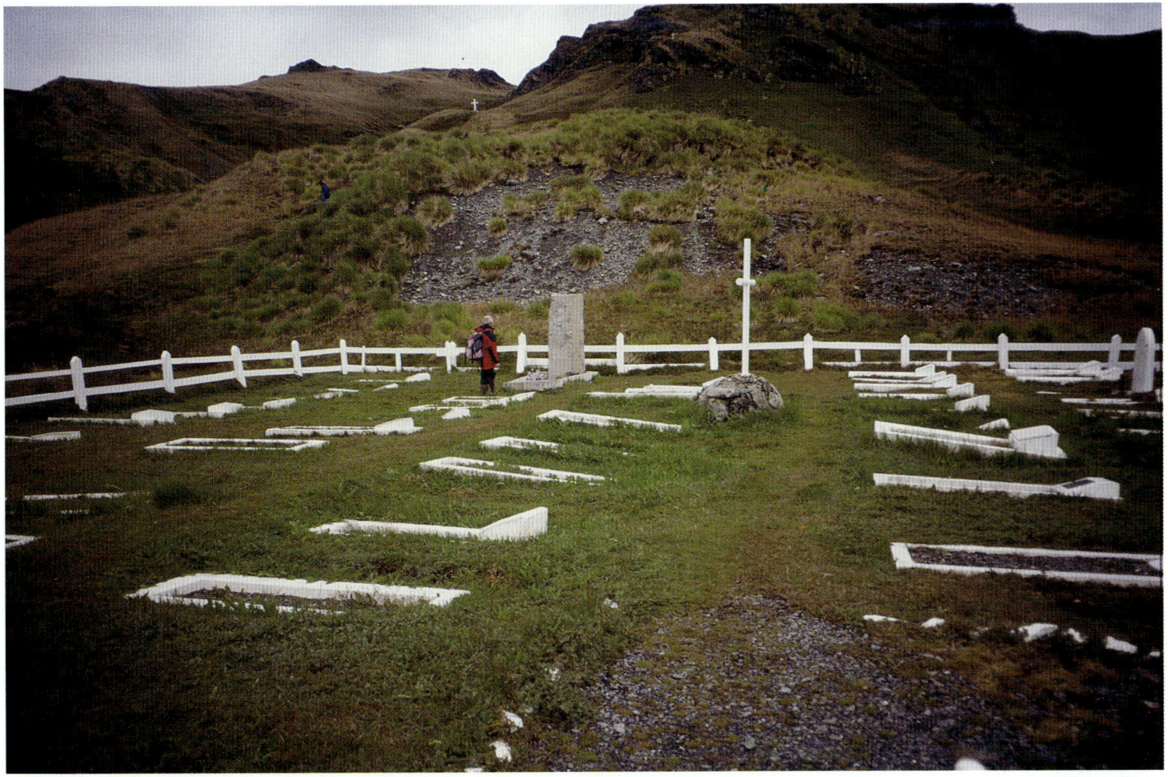

Tumba de Ernest Shackleton en el cementerio de Georgias del Sur. CARLOS VAIRO
*Cementery at South Georgia, Shackleton's tomb.*

Continuaron las expediciones de Shackleton (1907-09) que intentó arribar al Polo Sur con "ponies" siberianos, debiendo volverse a sólo 180 km de la meta. Le siguieron en 1911 las expediciones de Amundsen, llegó al Polo con trineos tirados por perros el 14 de diciembre de 1911, y la de Scott que llegó al Polo después de muchas penurias (17 de enero de 1912 sólo para comprobar que ya había arribado el grupo de Amundsen), muriendo todos en el camino de regreso a la base. La diferencia de ambas expediciones fue que Amundsen eligió trineos livianos y poco equipo. Scott llevó trineos pesados y ponies y tuvo la mala suerte de quedarse atrapado por una tormenta a solo 18 km del depósito de comida.

A esta carrera por llegar al Polo le sucedieron otras expediciones que contaron con un gran adelanto: el avión. Por supuesto que existió aquél que sobrevoló por primera vez el Polo Sur: Richard Byrd 1929. Después de la Segunda Gran Guerra y el comienzo de la guerra fría entre U.R.S.S. y EE.UU., varios países establecieron bases, muchas de ellas ocupadas permanentemente y en la realidad son pocas las que tienen fines puramente científicos.

Las exploraciones continuaron, ya cada vez más espaciadas pero es importante la que protagonizó el piloto de la Fuerza Aérea Argentina H. L. Fautario realizando el primer vuelo transpolar (1973) desde Buenos Aires a Nueva Zelanda y Australia, ida y vuelta. Con ello quedaba demostrada la factibilidad de una ruta aerocomercial para unir América del Sur con Asia y Oceanía. La misma es usada en la actualidad por aviones de línea.

En 1959 ocurrió uno de los hechos más importantes para el Continente Antártico: se suscribió el Tratado Antártico

*they had to return when they were just 180 km away from the finish line.*

*Then came Amudsen's expedition in 1911. He arrived at the Pole with sledges pulled by dogs on 14th December that same year. After many hardships, Scott's arrived at the Pole (on 17th January 1912) just to see that the group headed by Amundsen had arrived first. Everybody died on their way back to the base. The difference between both expeditions was that Amudsen's chose light sledges and little equipment. Scott took heavy sledges and ponies and was unluckily trapped in a storm just 18 km away from the storehouse with their provisions.*

*After this race to the Pole, there were other expeditions that could rely on a great invention: the airplane. The first in flying over the South Pole was Richard Byrd in 1929. After World War II and the beginning of the cold war between the USSR and the USA, several countries set up their bases, many of which were permanently inhabited and, in fact, few of them work specifically for scientific purposes.*

*Surveys went on, but not so regularly. The one by the pilot of the Argentine Air Force, H. L. Fautario, was very important as he completed the first transpolar round flight from Buenos Aires to New Zealand and Australia in 1973. This flight demonstrated the possibility of joining South America to Asia and Oceania through an air route. Nowadays, this same route is followed by airlines.*

*One of the most important events for the Antarctic Continent took place in 1959, when the Antarctic Treaty was signed with the healthy intention of safeguarding the area. The main points of the treaty are: The use of the*

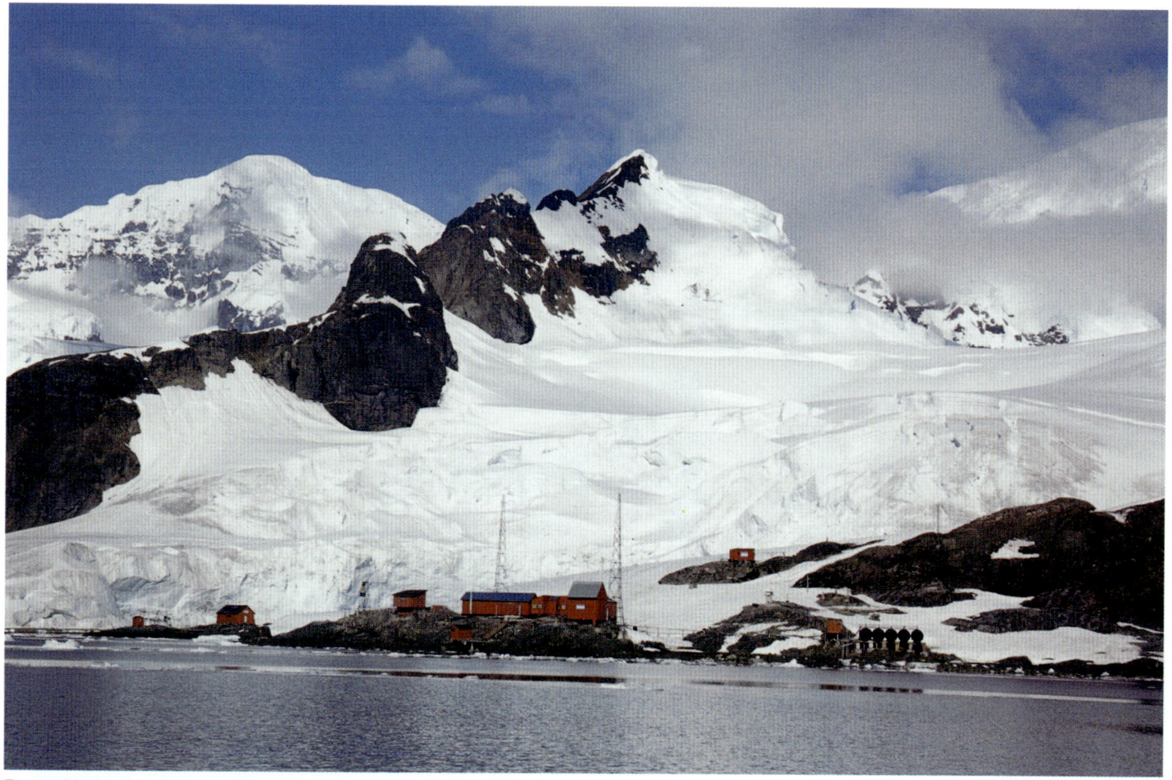

Base Almirante Brown (Arg.). Bahía Paraíso, en Tierra de San Martín.
*Admiral Brown Station (Arg.). Paradise Bay, at Graham Land.*

CARLOS VAIRO

con la sana intención mundial de salvaguardar el área. Los puntos sobresalientes son: el uso del espacio con fines pacíficos; su aplicación al sur de los 60° de latitud; no afecta los derechos de soberanía ni los reclamos; la libre fiscalización, por parte de terceros, para vigilar que se cumplan las disposiciones.

Las bases antárticas argentinas son 13 pero no todas están ocupadas permanentemente. Chile tiene 7, Alemania 6, 12 de Rusia, 7 de EE.UU., 4 del Reino Unido, 3 de Japón, 6 de Australia, 3 de Brasil, 1 de China, 1 de Corea, 1 de Francia, 1 de Polonia, 1 de Uruguay, 1 de la India, 1 de Italia, 2 de España, 2 de Nueva Zelanda y 2 de Sud Africa.

*space for pacific purposes; Application south of 60º of latitude; It does not affect sovereignty rights or claims; Free supervision, by a third party, to control the fulfillment of the resolutions.*

*There are 13 Argentine Antarctic bases, but not all of them are constantly occupied. There are 7 Chilean bases, 6 German, 12 of Russia, 7 American, 5 of the UK, 3 Japanese, 6 Australian, 3 Brazilian. Spain, New Zealand and South Africa, 2 each. China, Korea, France, Poland, Uruguay, India and Italy have 1 each.*

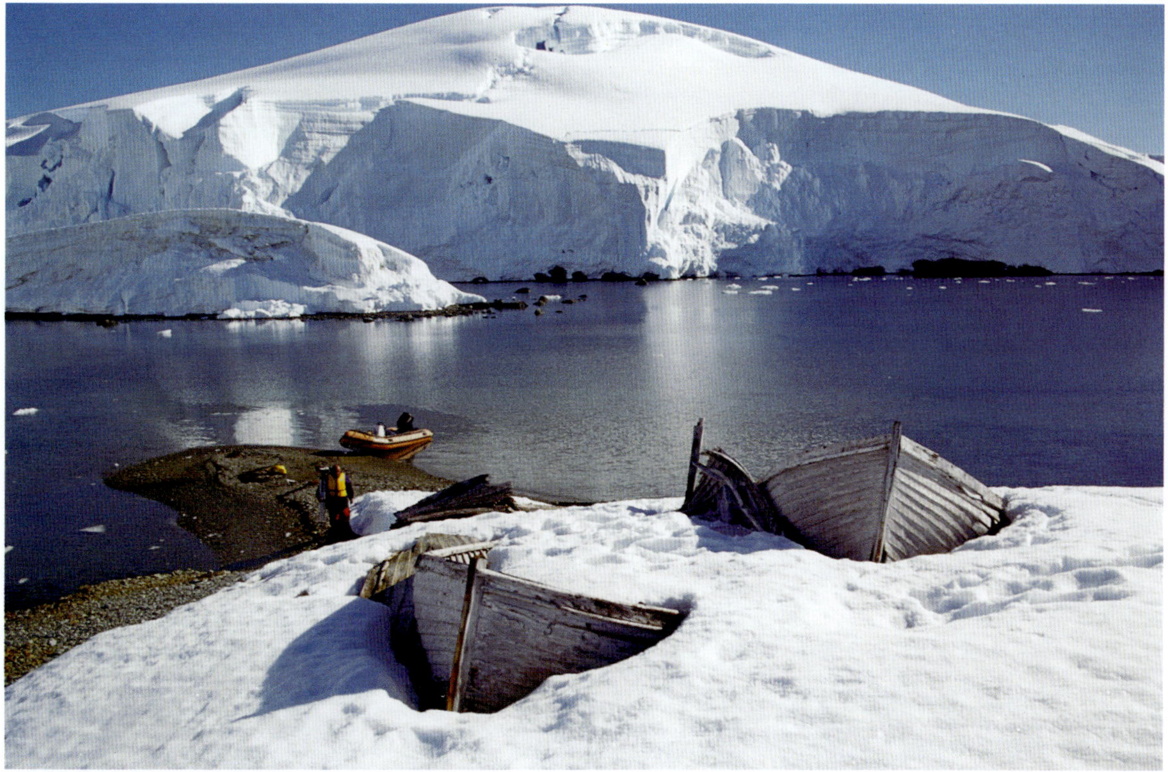

Botes de balleneros abandonados en Isla Nansen. CARLOS VAIRO

*Whalers' boats at Enterprise Island.*

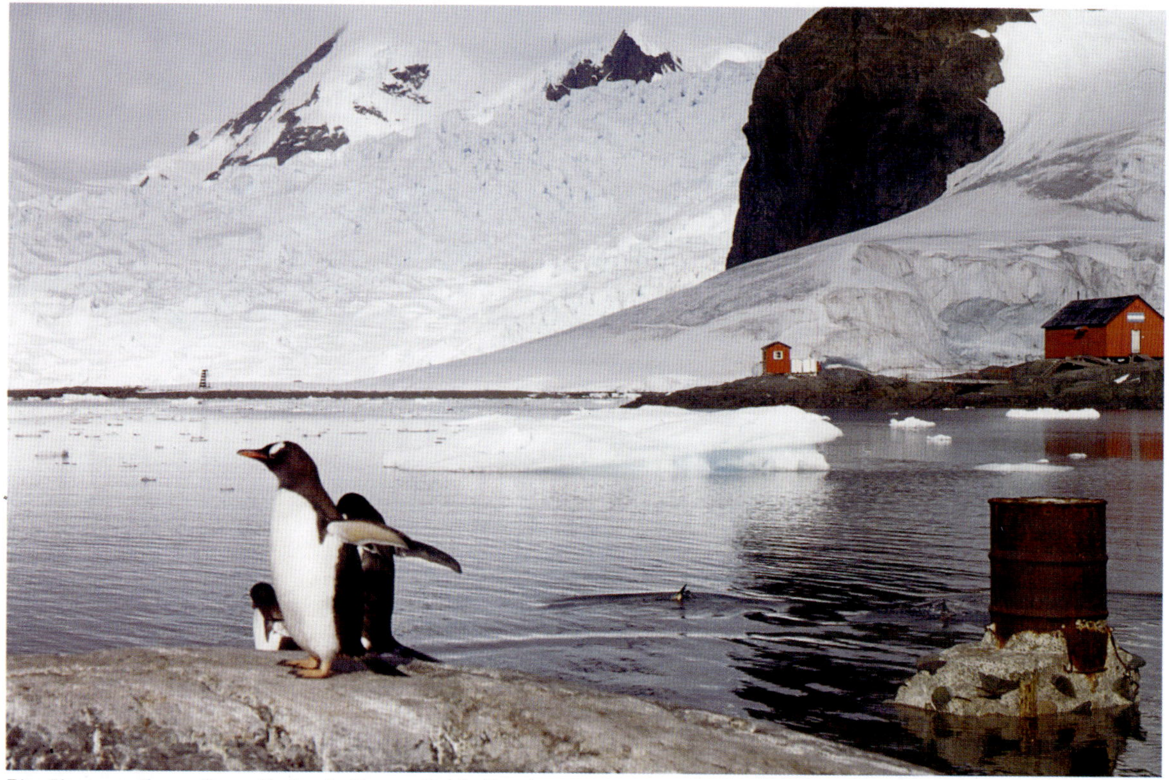

Pingüinos papúa en Base Almirante Brown, Bahía Paraíso. CARLOS VAIRO

*Gentoo Penguins at Admiral Brown Station (Arg.), Paradise Bay.*

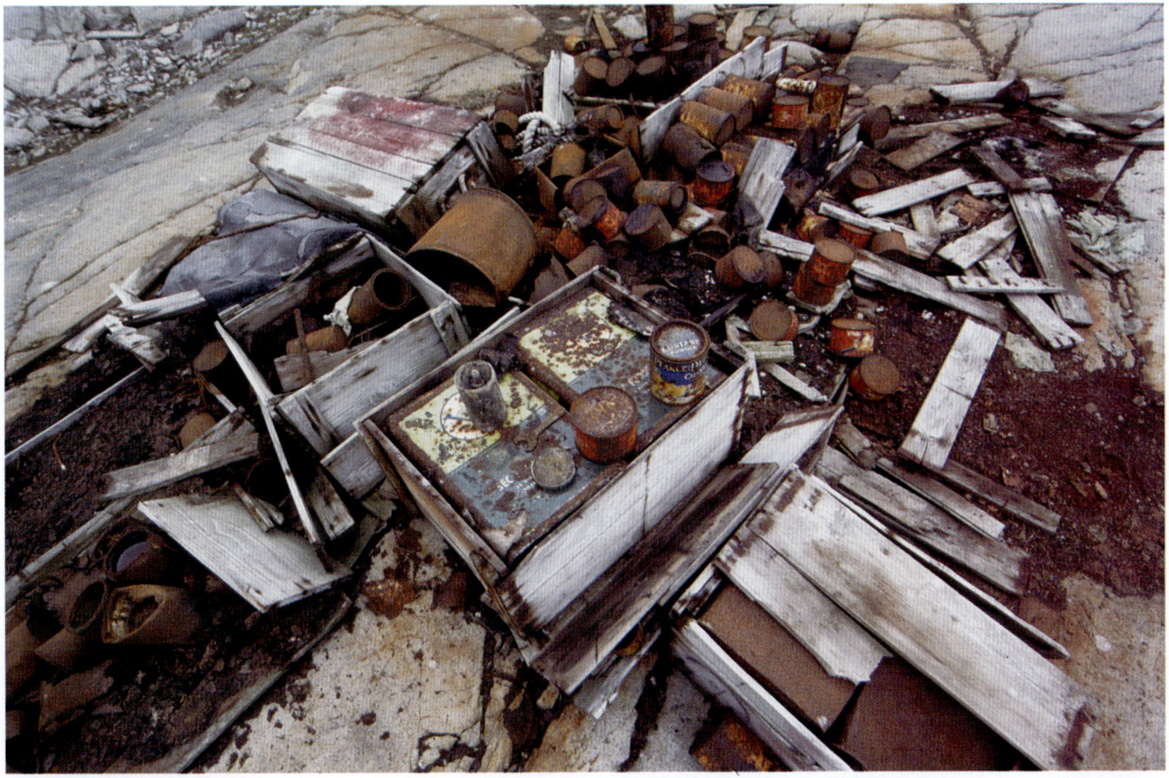

Contaminación humana. CARLOS VAIRO
*Human polution.*

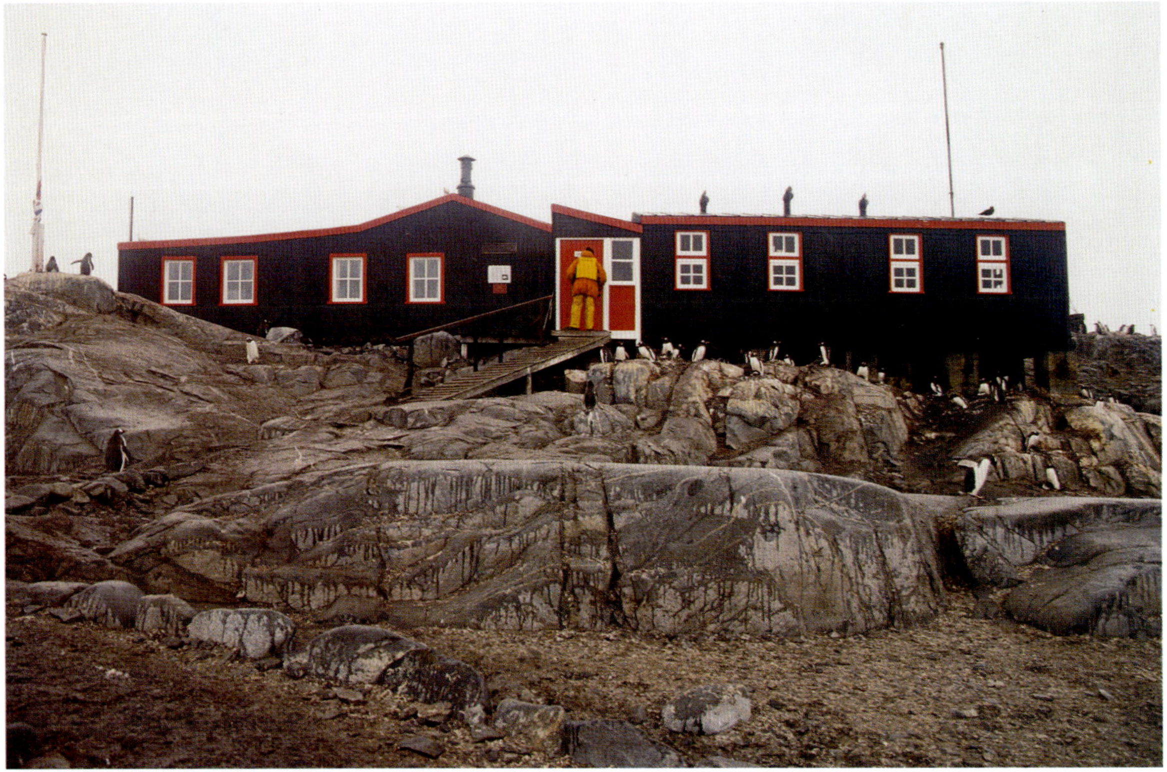

Base de Port Lockroy (Ing.), ahora museo. Isla Wiencke. CARLOS VAIRO

*Port Lockroy Station (Eng.), now a museum. Wiencke Island.*

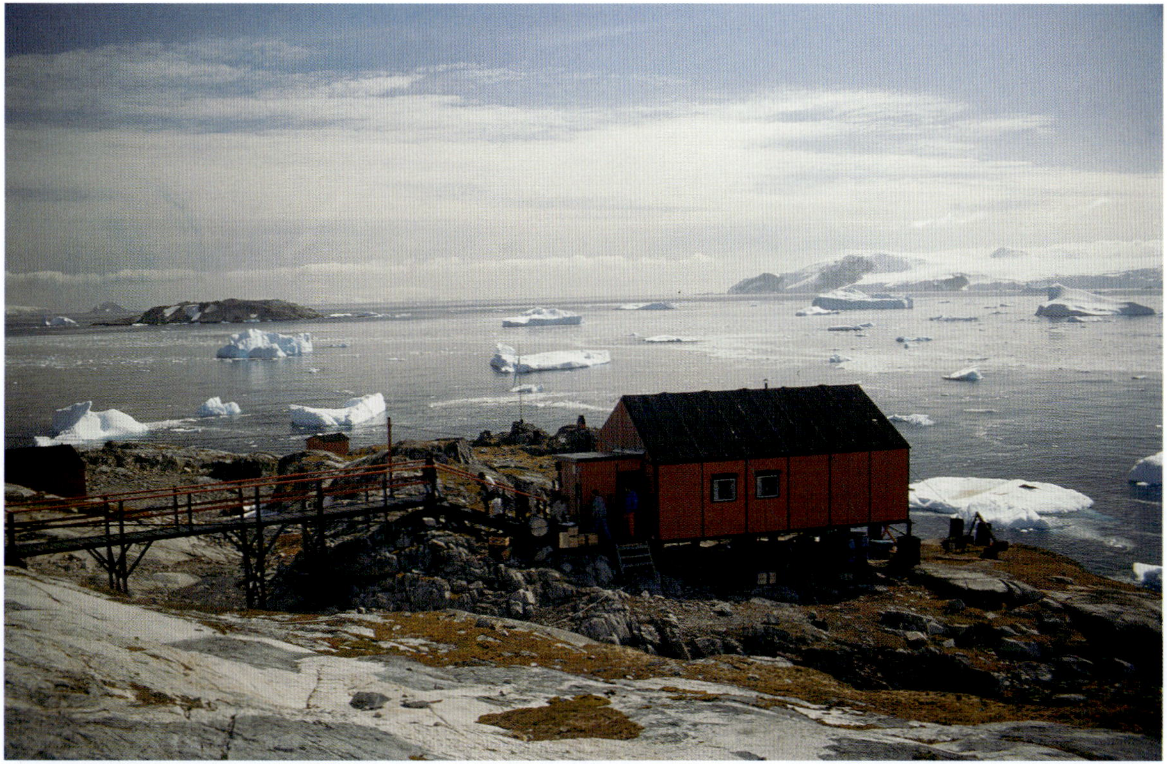

Estación Primavera (Arg.), Caleta Cierva en la Península Antártica. CARLOS VAIRO

*Primavera Station (Arg.) at Cierva Inlet, Antarctic Peninsula.*

# Témpanos

Los témpanos tienen su origen en desprendimientos de glaciares o barreras de hielo. En estas últimas el iceberg puede estar formado por hielo continental (de origen glaciar) o por hielo marino. Este último se forma con temperaturas inferiores a los -1,9°C. dada que la salinidad del agua de mar es de 35 ‰. Para que se forme este hielo se necesita además que no existan corrientes marinas fuertes ni oleaje; en pocas palabras aguas calmas. Favorece la formación la presencia de témpanos que enfrían aún más el agua. La clasificación es muy extensa dada la gran variedad de formas en que se lo puede encontrar. Entre ellas las más comunes pueden ser las barreras de hielo y los bandejones, sean en campos de hielo o a la deriva.

El tamaño de los témpanos llega a dimensiones colosales con más de 100 m de altura y de 95 kilómetros de largo por 75 de ancho. También ocurre, durante los inviernos benignos en la Antártida, que gran cantidad de pequeños témpanos cubran superficies de 100 a 300 millas haciendo peligrosa la navegación.

En las vecindades del Cabo de Hornos y el resto del archipiélago los témpanos son muy raros. El motivo aparente es que la corriente oceánica tiene una circulación hacia el este, además del clima templado de la región.

# *Icebergs*

*Icebergs are originated from detachments of glaciers or ice barriers. In the second case, an iceberg may be made up of continental ice (of glacial origin) or of marine ice. The latter is formed when temperatures are below -1.9°C as the salinity of seawaters is of 35 ‰. For this ice to be formed, the lack of strong sea currents and surf is necessary; i.e. calm waters. This formation is favored by the presence of icebergs that make the waters even colder. There is an ample classification for icebergs as they may be found in a wide variety of shapes. The most common ones are ice barriers and icefloes both in icefields or wandering.*

*The size of icebergs may be colossal: over 100 meters high and 95 km long and 75 km wide. Besides, during mild winters in Antarctica, large quantities of small icebergs cover areas of 100-300 miles turning navigation dangerous.*

*In the surroundings of Cape Horn and the rest of the archipelago icebergs are quite rare. Apparently, the reason is that the oceanic current runs to the east, apart from the temperate climate of the region.*

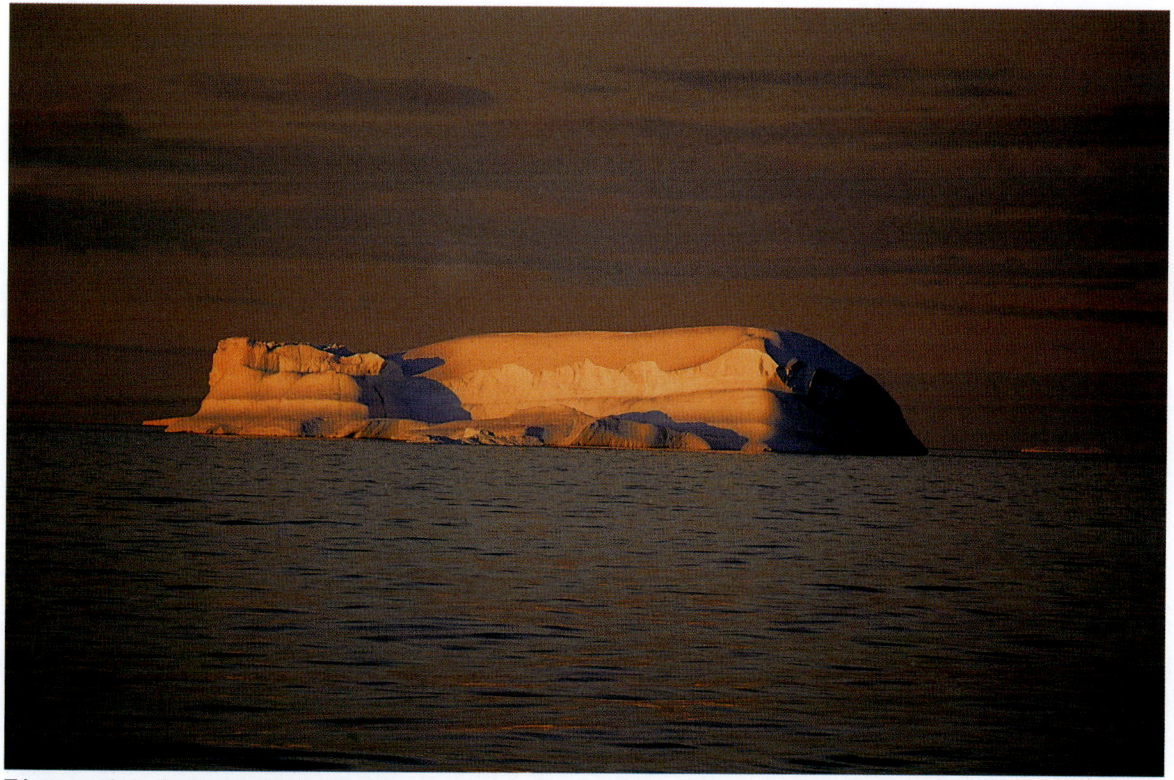

Témpano de la Barrera de Hielos Larsen. SANTIAGO IMBERTI

*Iceberg from Larsen Ice Shelf.*

En el Atlántico austral son muy abundantes y se han encontrado en las proximidades de la Isla de los Estados, Islas Malvinas, Islas Idelfonso llegando hasta el Cabo Corrientes en su viaje hacia el norte.

Hay pequeños témpanos en las bahías donde los glaciares se desploman al mar constituyendo un paisaje fuera de lo común. Estos icebergs tienen distintas particularidades encontrándose tres bien diferenciados; ellos son los de hielo con mucho aire que velan sobre el agua entre un tercio a un cuarto de su volumen total; también encontramos los más comunes que con un peso específico de 0,89 hacen que sobresalgan del agua entre un octavo a un séptimo de su masa total; por último encontramos los más peligrosos para la navegación que son los "gruñones" que casi no emergen, son de color verde oscuro casi negros y transparentes. Son de hielo muy duro comprimido durante siglos y sin agua; suelen crepitar constantemente a medida que están expuestos al sol. Estos témpanos también se los encuentra en el Mar Antártico.

*They are abundant in the southern Atlantic and they have also been found near Isla de los Estados, Malvinas Islands, Idelfonso Islands and up to Cape Corrientes in their voyage to the north.*

*There are small icebergs in bays were glaciers fall into the sea thus forming an unusual landscape. These icebergs have different characteristics and there are three well differentiated types: ices with a lot of air that have one third or one quarter of their total volume above the surface of the waters; we also find the most common ones that having a specific weight of 0.89 jut out from the surface of the water between one eighth and one seventh of their total mass. The latter are the most dangerous for navigation, the* "gruñones" *(growlers) that practically do not emerge and are transparent of an almost black dark green. They are of a very hard ice compressed for centuries and with no water; they usually crackle as they are exposed to the sun. These icebergs are also found in the Antarctic Ocean.*

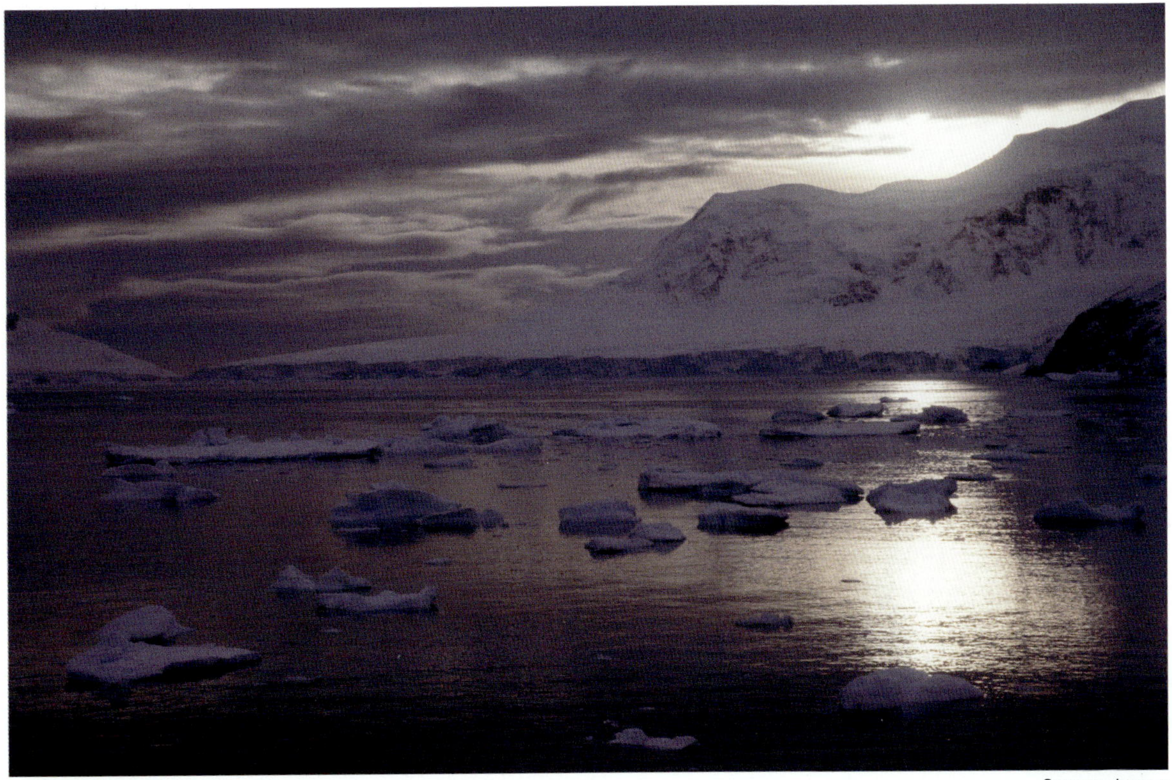
SANTIAGO IMBERTI

Hielo en bandeja.

*Ice floes.*

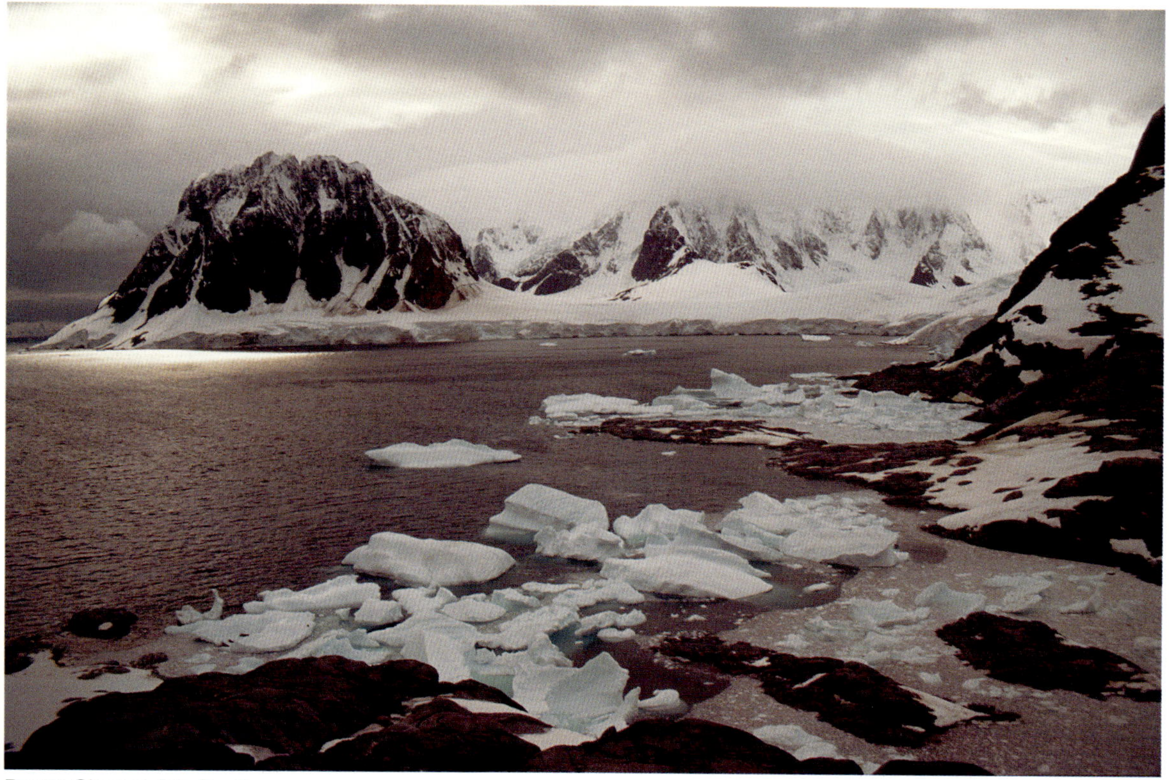

Puerto Charcot, Isla Booth.
*Port Charcot, Booth Island.*

CARLOS VAIRO

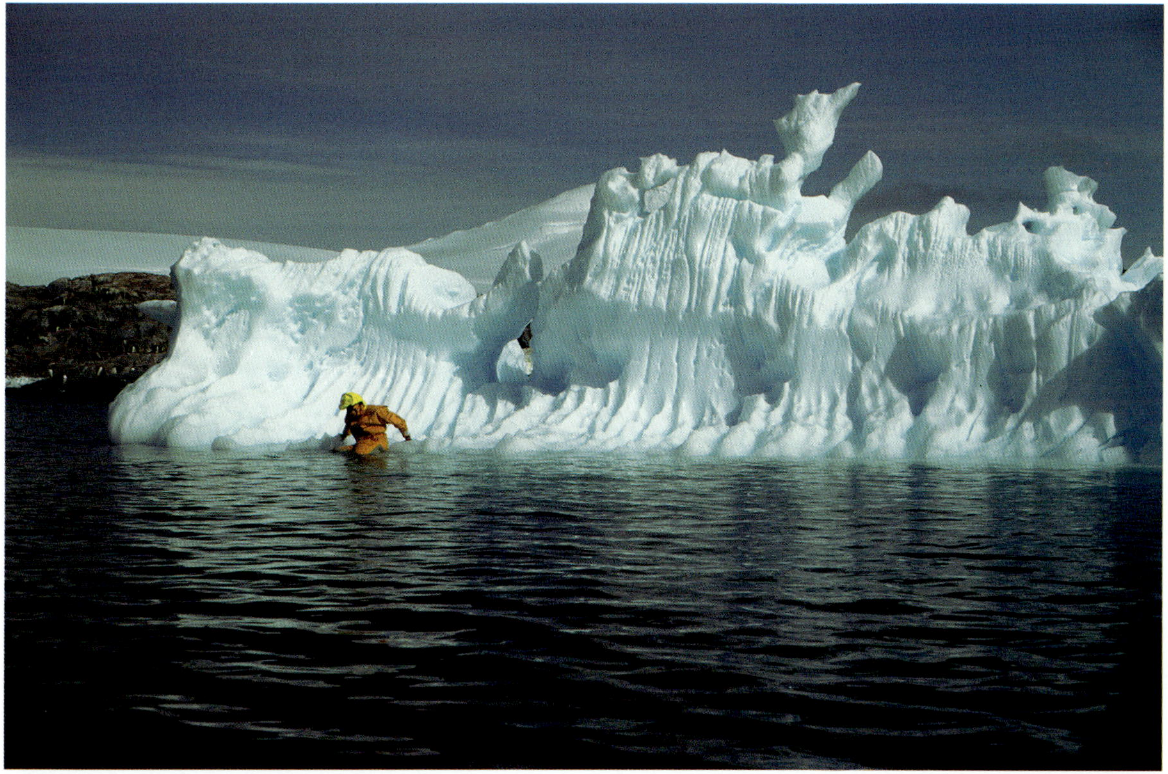

Prueba de indumentaria Musto en Puerto Lockroy.
*Testing Musto equipment at Port Lockroy.*

BECKER CASABALLES

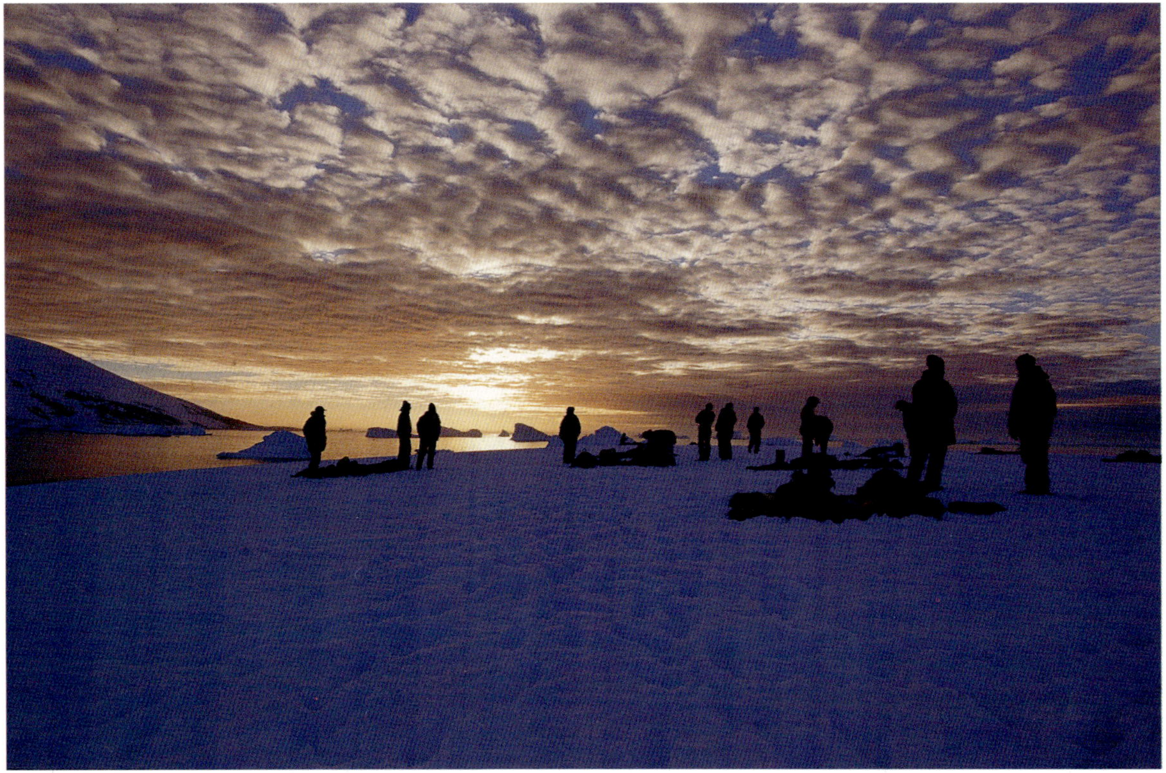

Atardecer en el Continente.
*Sunset in the continent.*

SANTIAGO IMBERTI

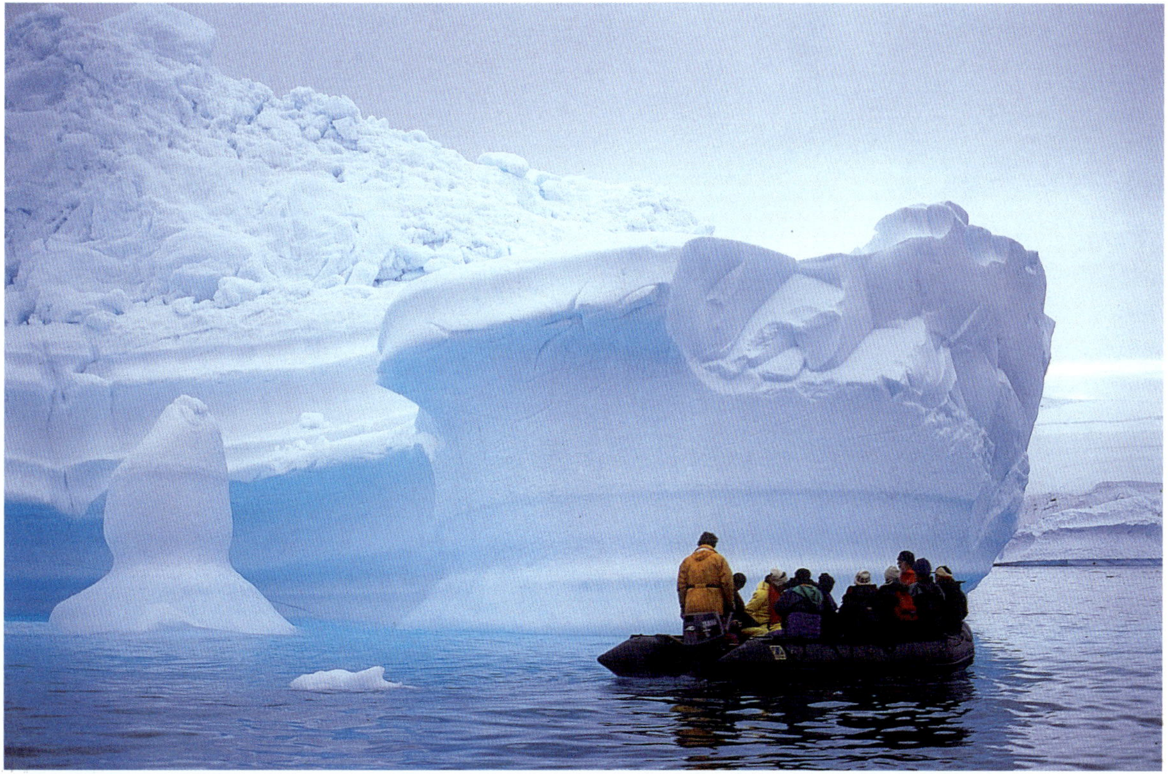

Fotografiando témpanos.
*Getting pictures of the Icebergs.*

SERGIO ZAGIER

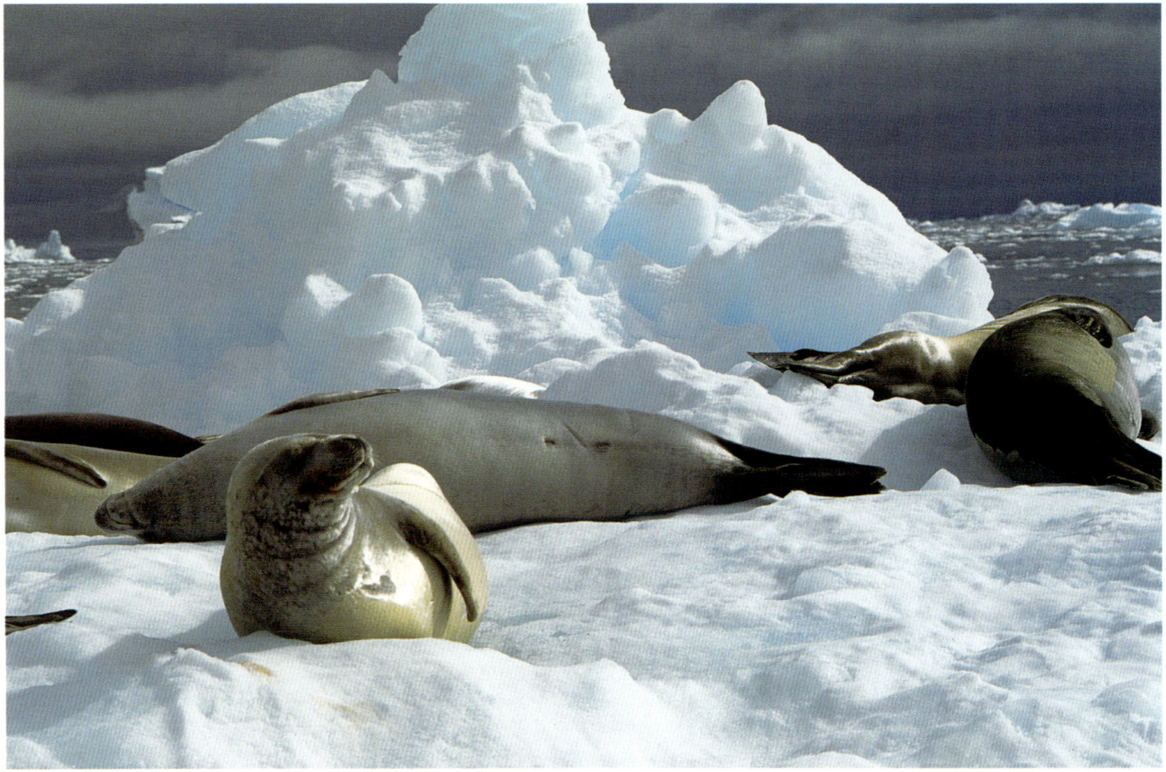

Focas de Weddell descansando sobre un témpano. SERGIO ZAGIER

*Weddell Seals resting on an Iceberg.*

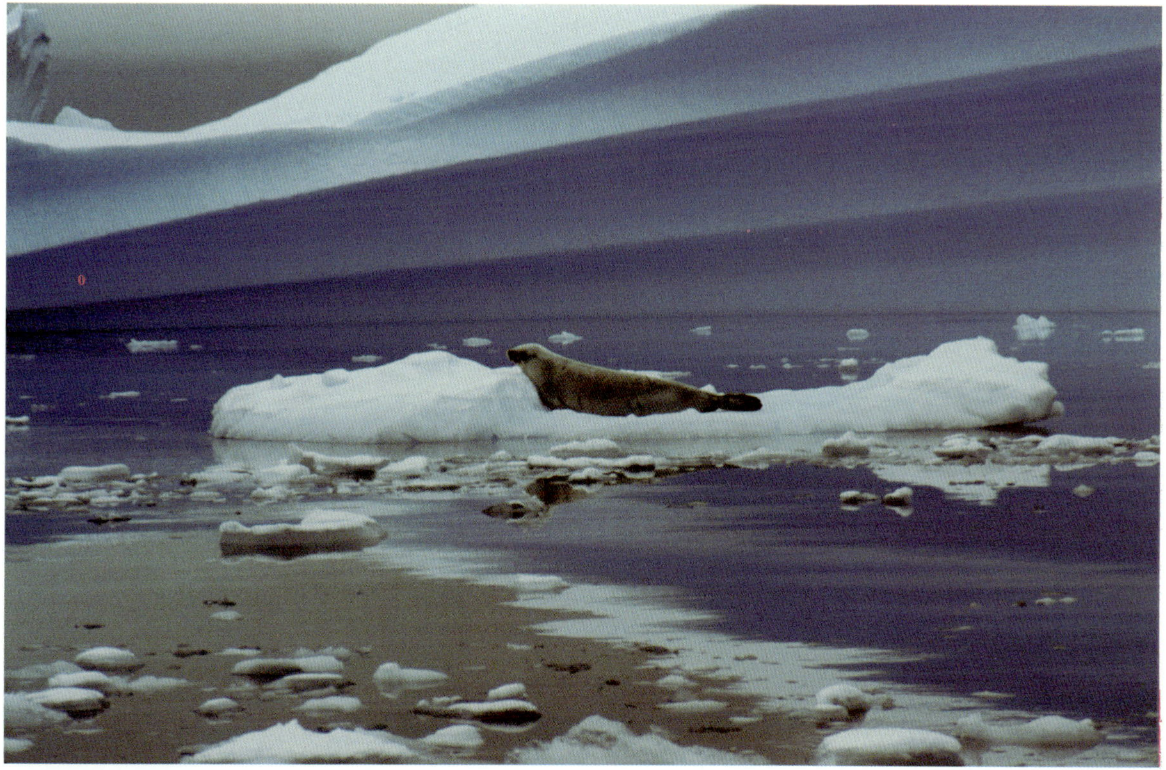

Descansando sobre un témpano. CARLOS VAIRO

*Resting on an Iceberg.*

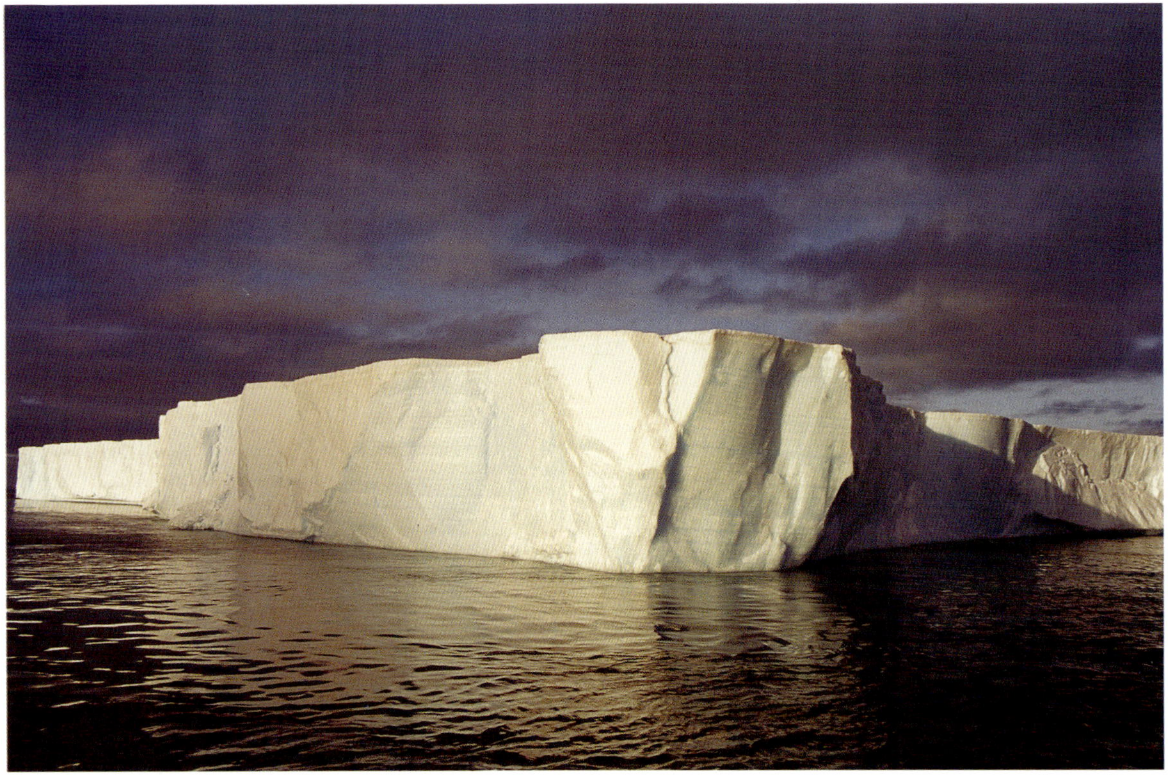

Témpano tabular.
*Tabular Iceberg.*

SANTIAGO IMBERTI

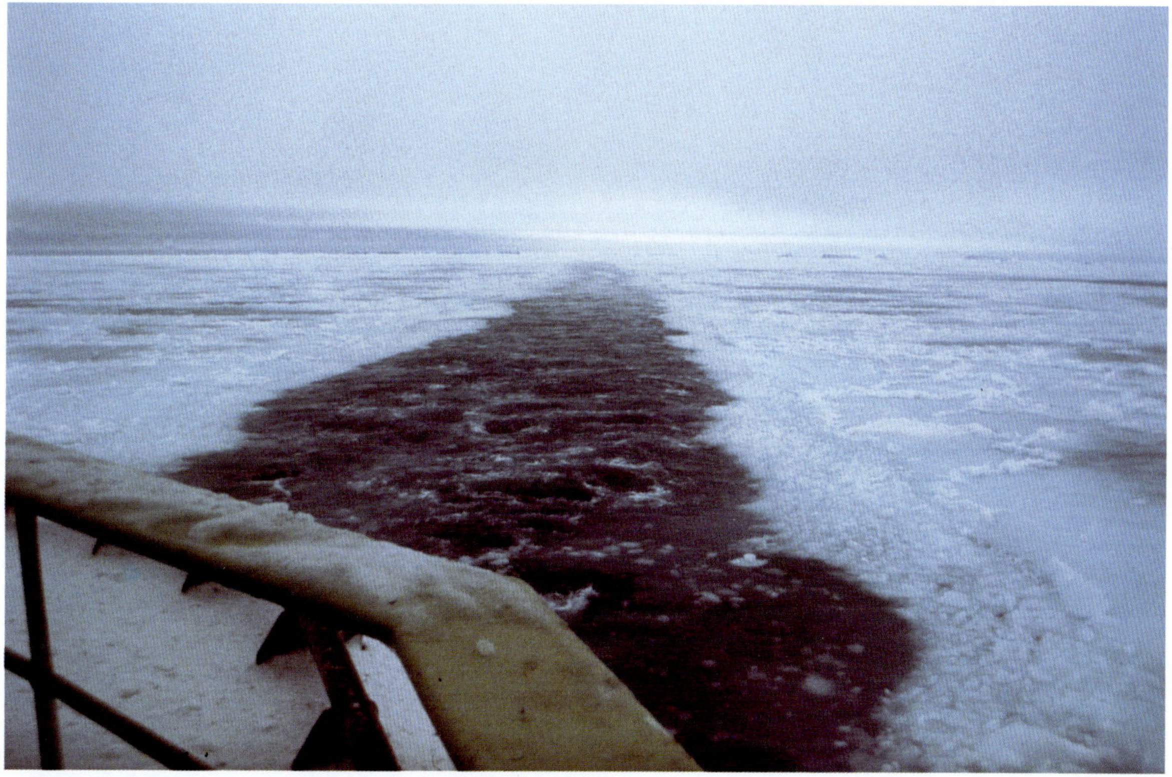

Abriendo un paso con el rompahielos *ARA Almirante Irizar* (Arg.). CARLOS VAIRO

*Opening a path with the Icebreaker* ARA Almirante Irizar *(Arg.).*

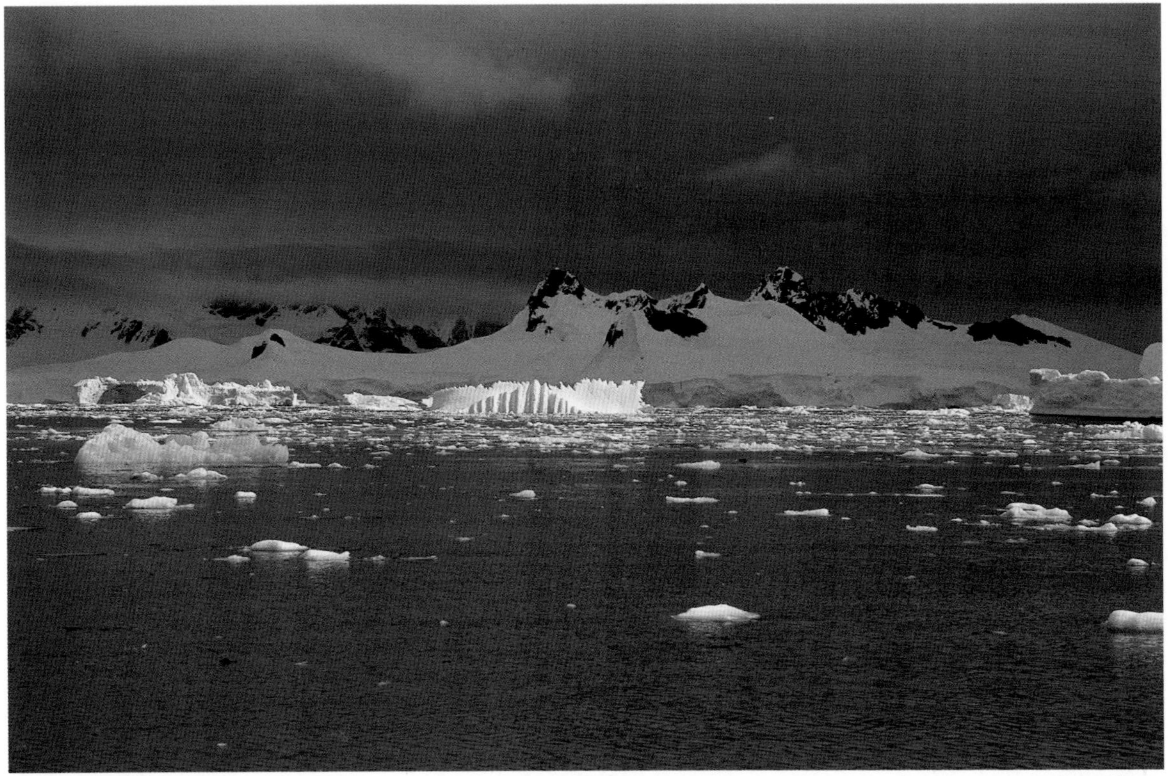

Estrecho de Gerlache.

*Gerlache Strait.*

SERGIO ZAGIER

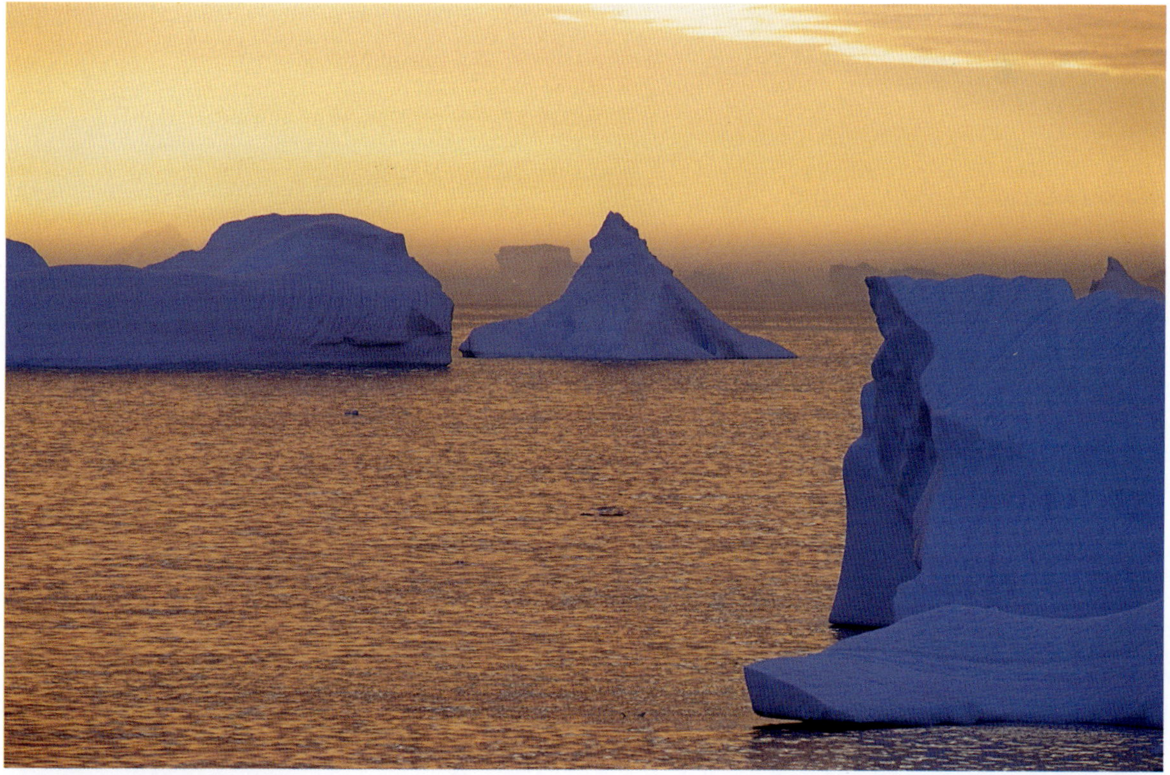

Témpanos en el Mar de la Flota.
*Icebergs at Bransfield Strait.*

SANTIAGO IMBERTI

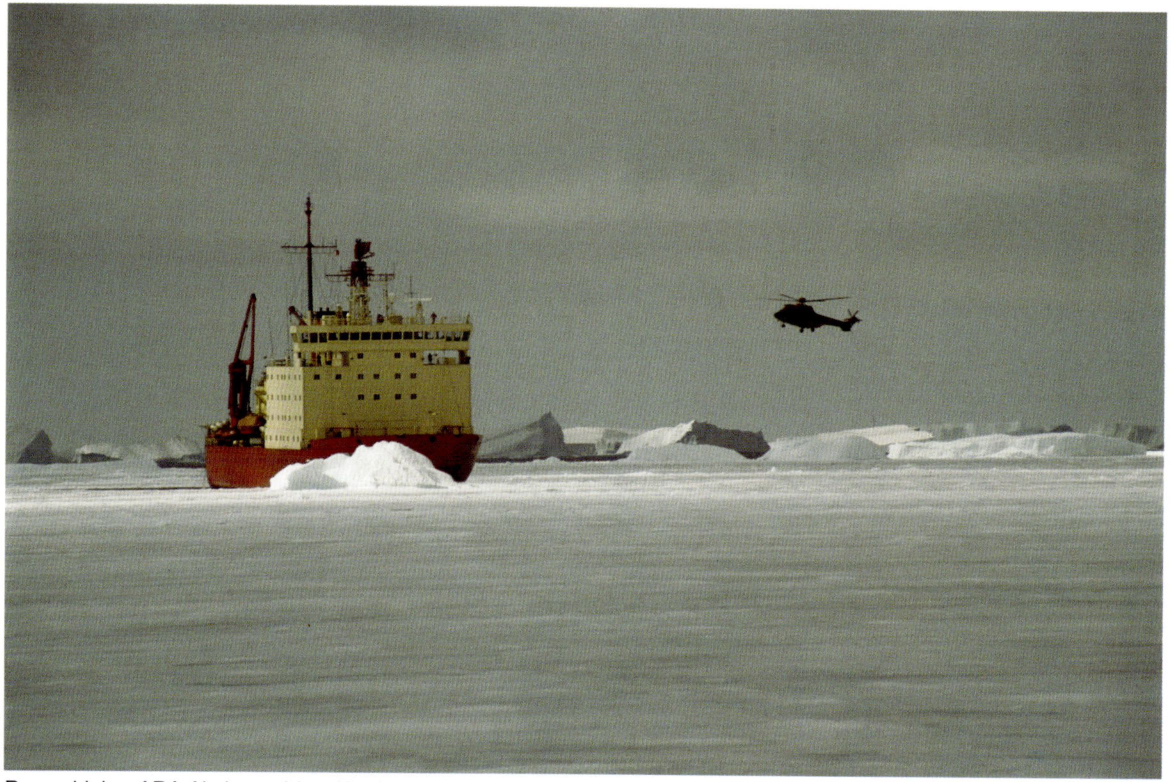

Rompehielos *ARA Almirante Irizar* (Arg.), cerca de la Base Belgrano. CARLOS VAIRO
*Icebreaker* ARA Almirante Irizar *(Arg.), near Belgrano Station.*

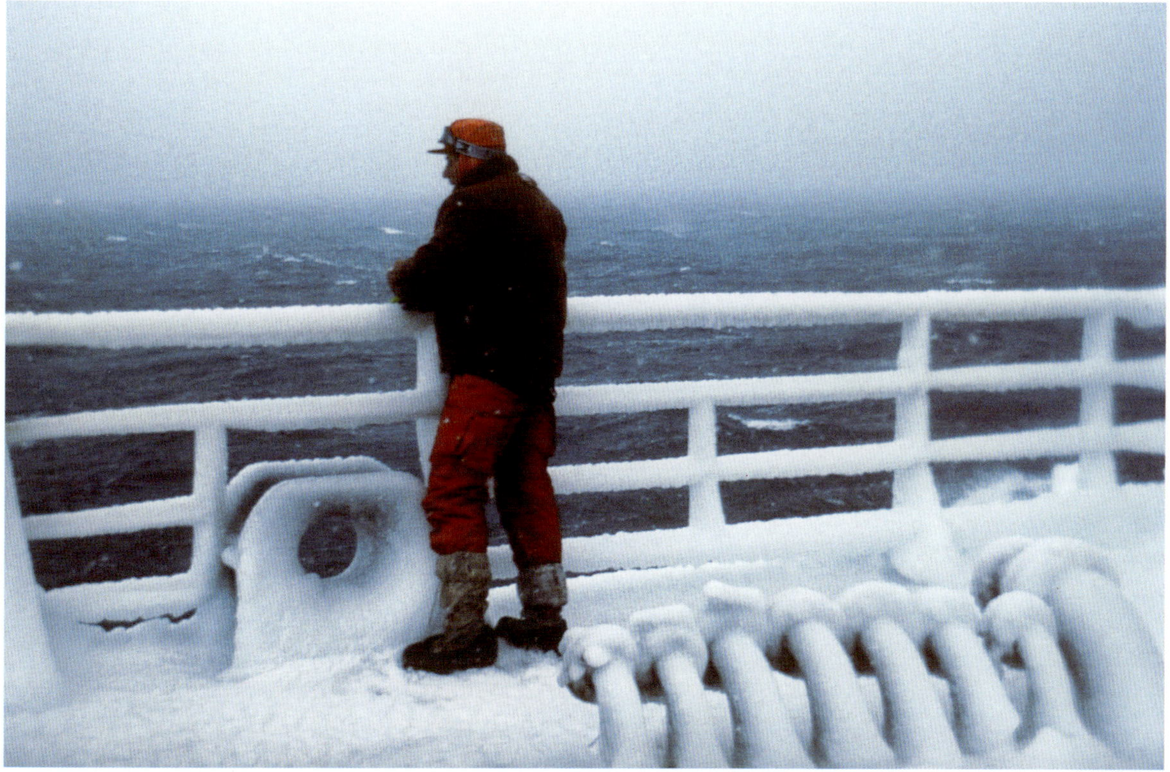

Rompehielos *ARA Almirante Irizar* (Arg.). Campaña de invierno en el Mar de la Flota. CARLOS VAIRO
*Icebreaker* ARA Almirante Irizar *(Arg.). Winter mission at Bransfield Strait.*

# Aves

### Pingüinos

Estas aves son típicas del Hemisferio Sur y son sinónimo de lugares fríos, aunque existe una especie que cría en las Islas Galápagos, a pocos grados del ecuador y solo dos especies crían en el Continente Antártico (emperador y Adelia). El resto esta disperso por los mares del sur.

La mayor parte del tiempo lo pasan en el agua siendo unos excelentes buceadores gracias a sus alas transformadas en paletas impulsoras y sus patas convertidas en timones. Nadan en superficie como patos y suelen saltar como delfines. Según mediciones efectuadas alcanzan a desarrollar una velocidad de 45 km/h.

Las especies mayores ponen un huevo por vez y las menores entre dos y tres. El incubamiento y cría también varia según la especie y va desde los 50 a 60 días hasta los 13 meses en el caso del pingüino emperador. La forma de empollar puede ser en nidos realizados en hondonadas, grietas o junto a matorrales. El pingüino Emperador tiene una forma de incubar bastante particular; el huevo reposa sobre las patas y con un pliegue de su vientre lo cubre.

En el archipiélago de Tierra del Fuego se puede encontrar ocho especies distintas, estos son: pingüino rey o real,

# *Birds*

### *Penguins*

*These are typical birds of the Southern Hemisphere and are closely connected with cold places, although there is a species that lives on the Galapagos Islands, a few degrees from the Ecuador and in the Antarctic Continent there are only two species that breed there (emperor penguin and Adelie penguin). The rest are scattered around the South Seas.*

*Most of the time, they live in the water as they are excellent divers thanks to their wings turned into impelling paddles and to their legs that became rudders. They swim on the surface as ducks and usually leap as dolphins. According to some studies, they can reach a speed of 45 km/h.*

*Larger species lay one egg at a time and minor ones one or two. Hatching and breeding also vary according to the species and range from 50-60 days up to 13 months in the case of the emperor penguin. They hatch in nests built in dells, crevices or next to thickets. Emperor penguins hatch in a quite special way: the egg lies on the feet and is covered with a fold of the penguin's abdomen.*

*On the archipelago of Tierra del Fuego there are eight different species: king penguin, emperor, gentoo, magel-*

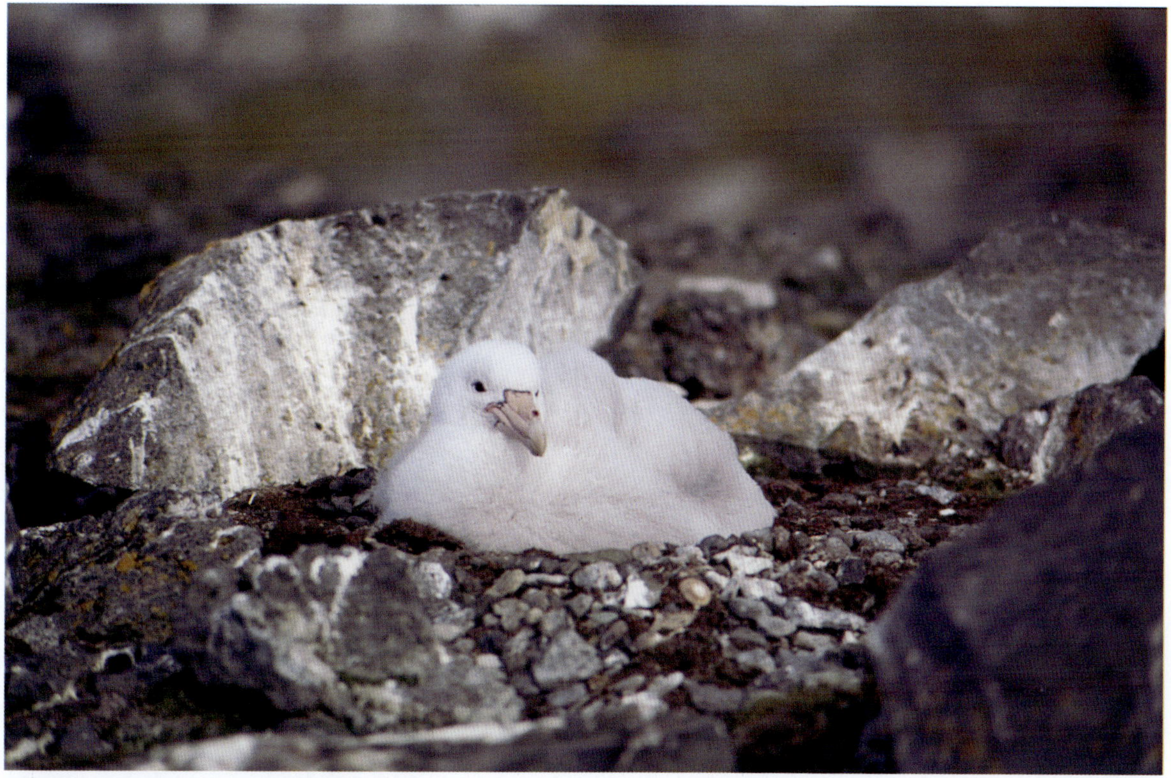

Pichón de petrel gigante en Isla Decepción. SERGIO ZAGIER

*Chick giant petrel in Deception Island.*

emperador, Adelia, magallánico, penacho amarillo, de barbijo, macaroni y el papúa. En la Península Antártica encontramos el emperador, Adelia, papúa y barbijo.

El pingüino emperador es el de mayor tamaño llegando a los 96 cm. A veces se pueden ver en el Estrecho de Magallanes. El rey o real es también bastante raro pero suele encontrárselo en Malvinas, Georgias del Sur, en la Isla de los Estados y en el Estrecho de Magallanes. El de penacho amarillo y el macaroni nidifica en la boca occidental del Estrecho de Magallanes siendo visto en Las Malvinas, Isla de los Estados y ejemplares sueltos hemos encontrado en Península Mitre sobre el Atlántico.

El más común de ver nadando cerca de Ushuaia es el magallánico. Después de muchas décadas de no vérselo en cantidad por el Beagle, dada la persecución de la cual fue objeto, se estableció nuevamente formando una pingüinera en la Isla Martillo del Archipiélago Gable hacia fines de los 80. En el Atlántico se lo puede encontrar, durante el invierno, hasta en las costas del sur de Brasil.

Además de sus depredadores naturales, como la orca que es capaz de quedar en seco sobre la playa para captu-

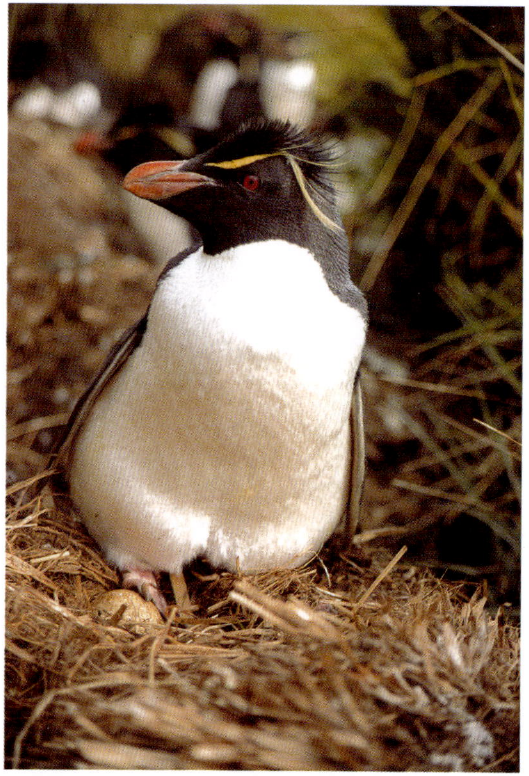

Pingüino de penacho amarillo. Isla de los Estados. C.V.
*Rockhopper penguin. Staten Island.*

*lanic, rockhopper, chinstrap, and macaroni. At Antarctica we can find: emperor, Adelie, gentoo and chinstrap. Emperor penguins are the tallest and may be 96 cm high and although they are rarely seen.*

*Sometimes is possible to find some emperor penguins at the Magellan Straits. King penguins are also quite rare, but they may be seen at Malvinas, South Georgia, Staten Island and on the Magellan Strait. Rockhopper and macaroni penguins nest at the western mouth of the Magellan Straits and are also seen on Malvinas, Isla de los Estados and some lonely species have been found at Mitre Peninsula on the Atlantic.*

*The most commonly seen while swimming near Ushuaia are the magellanic. After many decades of not being seen in large numbers around the Beagle —as they used to be hunted—, they settled down again forming a penguin rookery on Martillo Island of Gable Archipelago up to the late 80s. In winter, they can be found even up to the southern Brazilian coasts on the Atlantic.*

*Apart from their natural predators —such as the killer whales that can leave the sea to catch them on the beach—, penguins have had in the*

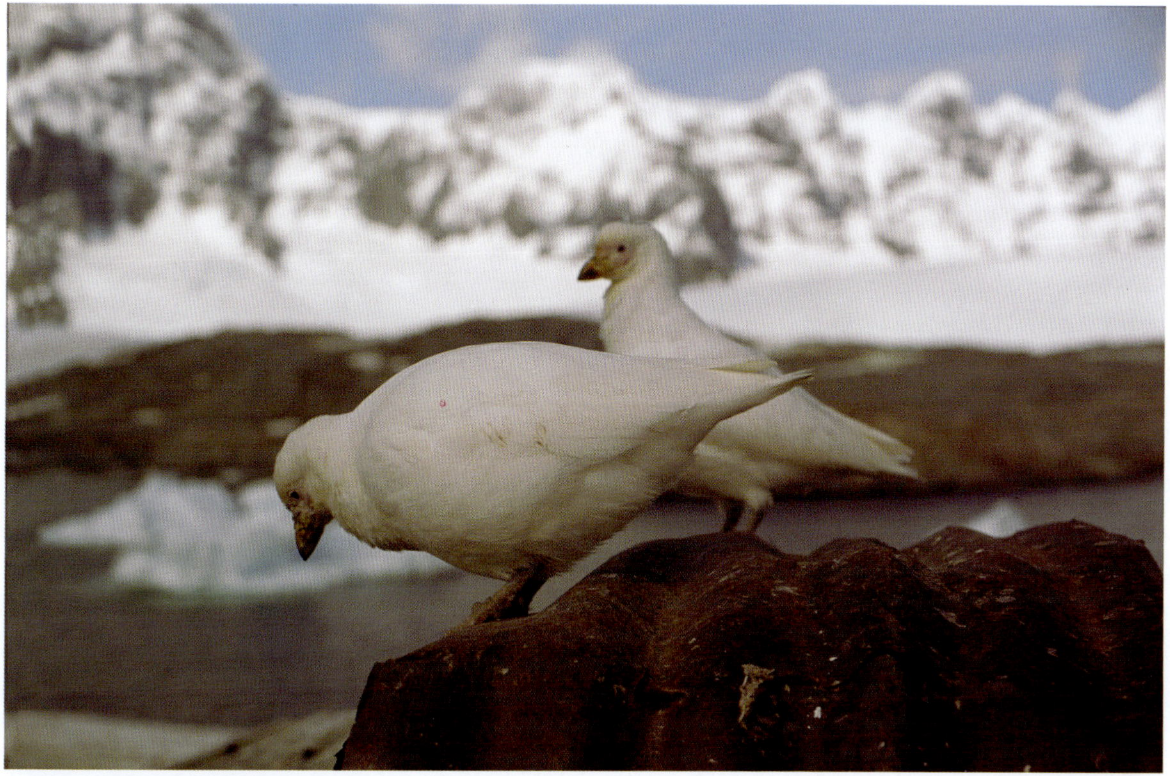

Palomas antárticas en Puerto Lokroy. CARLOS VAIRO

*Snowy sheatbills at Port Lockroy.*

rarlos, tuvo en el marino de antaño a un gran enemigo. Son muchos los relatos de exploraciones al continente Antártico (como la del *Pourquoi-Pas?*, 1906) que detallan las cacerías de estas aves y la forma en que eran preparadas. Un ejemplo de lo apreciada que era la carne de pingüino lo demuestra el diario del holandés Van Noort que relata la cacería de más de 1.500 aves en un día, frente a la ría de Puerto Deseado (1599), para reponerse de víveres frescos.

Más lamentable era la recolección de huevos que se hacían por millares cual si fuesen gallinas ponedoras. Sólo como ejemplo podemos citar el diario de Darío Saráchaga, comandante del cúter *Bahía Blanca* de la División Expedicionaria al Atlántico Sur de 1884, que dice: "...Frente a Bahía Franklin (Isla de los Estados) empezó a soplar del NW fresco y entramos hasta el fondo de la bahía, dando fondo en ella a las 10 p.m. En este puerto cargué 1.000 huevos de pingüino rey y cien cueros de lobos marinos."

Es interesante el comentario que recoge el periodista Roberto J. Payró en 1898 en San Juan de Salvamento con respecto a la cosecha de huevos de pingüino : "...en cada lata caben de 120 a 130 huevos y como tienen la cáscara muy delgada, muchísimos se rompen. Nunca bajan de seis mil..."

Con motivos sobrados el estrago se fue produciendo lentamente. Más si consideramos válidos relatos como el de John Narborough, que en 1670 repone sus víveres en Puerto Deseado cargando carne de pingüino, lobo marino y más de "100.000" huevos de pingüinos.

Existieron factorías para obtener aceite de pingüino, como la que tuvo Luis Piedra Buena en Puerto Roca (1869),

*past another important enemy: sailors. There are many narratives of explorations on the Antarctic continent (such as* Pourquoi-Pas?, *1906) that give details of the hunting of these birds and about how they were prepared. An example of how penguins' meat was appreciated is the narrative in the logbook of the Dutch Van Noort about the hunting of over 1,500 birds in single day —in front of the estuary of Puerto Deseado (Port Desire) in 1599— to have fresh provisions.*

*The gathering of eggs was even more deplorable as thousands of them were picked as if they were from hens. As an instance of this we can quote the logbook of Darío Saráchaga, commander of the cutter* Bahía Blanca *of the South Atlantic Expeditionary Division (1884) which reads: "...Opposite Franklin Bay (Isla de los Estados) the cold NW wind started to blow and we sailed up to the bottom of the bay, casting anchor here at 10 p.m. In that port I shipped 1.000 king penguin eggs and a hundred sea lion skins."*

*It is interesting to note what the journalist Roberto J. Payró heard about the penguin eggs harvest at San Juan de Salvamento in 1898: "...in each can there is room for 120-130 eggs of which, having a very thin shell, many are broken. They are never less than six thousand..."*

*There were plenty of reasons why the devastation went on slowly. Especially considering the valuable narratives of John Narborough who, in 1670, gets provisions at Puerto Deseado loading penguin meat, sea lions and over "100,000" penguin eggs.*

*There were factories to get penguin oil as Luis Piedra Buena's at Port Cook (1869), on the Isla de los Estados.*

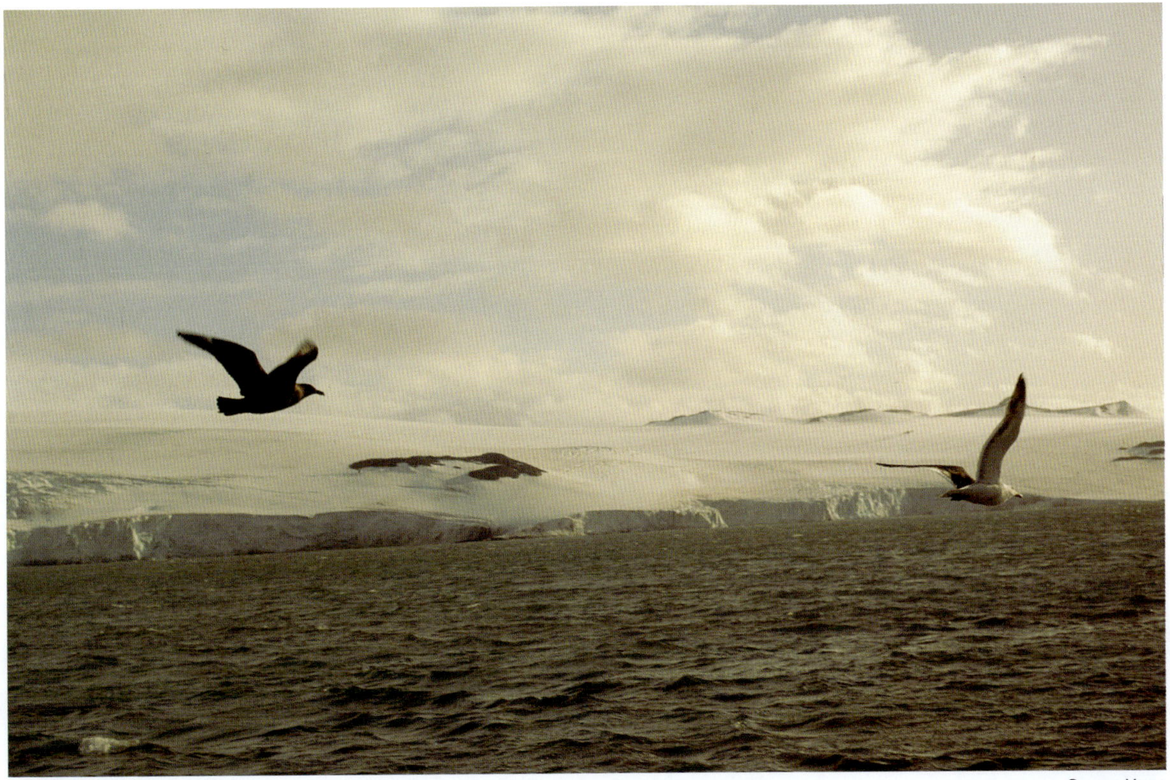

CARLOS VAIRO

Petrel y albatros.

*Petrel and albatross.*

en la Isla de los Estados. Según una copia de su diario, en la roquería vecina (Penguin Rockery) se consideraba que había más de 20.000 pingüinos rey o real; hoy son una rareza. Los balleneros fueron otros grandes depredadores de pingüinos; parte por la carne, para cambiar un poco la alimentación, pero mucho más por el aceite que podían extraer de los animales grandes y por los huevos que eran muy codiciados. De los huevos en realidad se aprovechaba solo la yema dado que la clara tiene un sabor desagradable.

### Petreles y pardelas

Basan su alimentación en peces, plancton y moluscos que encuentran casi en superficie y por lo general en mar abierto aunque también en lagos, como en los casos del albatros de ceja negra y el petrel de barba blanca.

Salvo cuando crían pasan su vida entera en el mar adaptándose a las tormentas, constantemente planeando, con

*According to a copy of his logbook, it was estimated that in a neighboring penguin rookery there were many king penguins and today they are rare. Whalers also hunted penguins in a large number. They wanted penguins for the meat, but mainly because of the oil that could be extracted from large specimens and because of the so coveted eggs. In fact, only the yolk of the eggs was used as the white has an unpleasant taste.*

### *Petrels and Shearwaters*

*They feed basically on fish, plankton, and mollusks. Both live practically on the surface and generally in the open sea, even when they are also found in lakes as it is also the case with black-browed albatrosses and white-chined petrels.*

*Except when they are breeding, they stay in the sea adapting to storms, gliding regularly close to the surface*

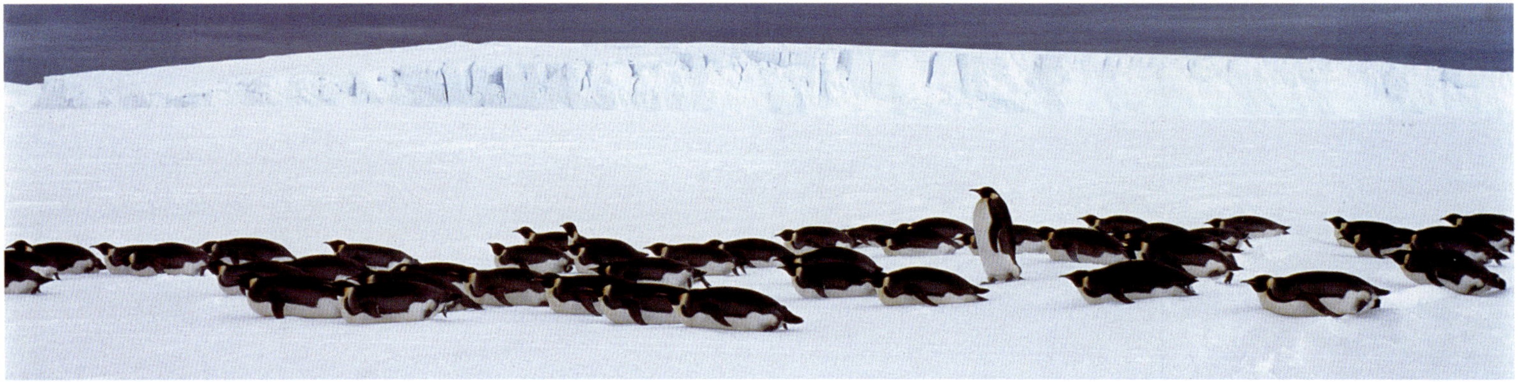

KOICHI FUJIWARA

Pingüinos emperador.

*Emperor penguins.*

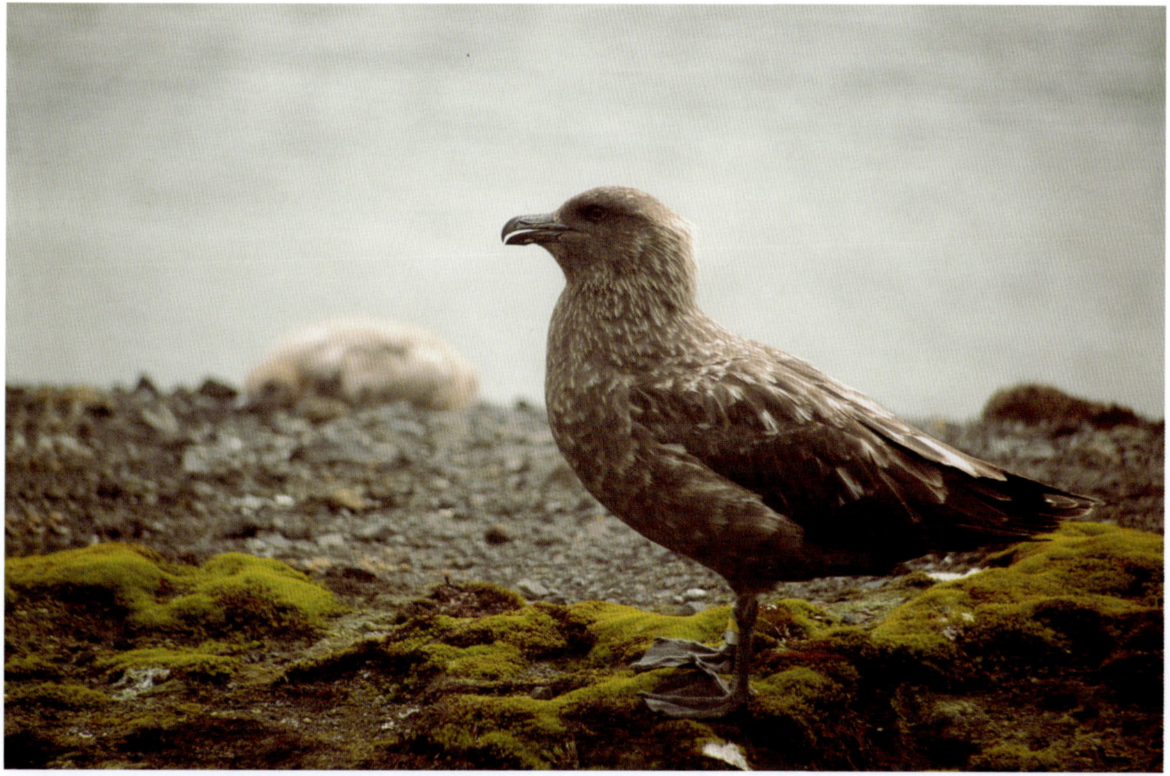

Skua, carroñero que sigue a los buques por la basura. CARLOS VAIRO

*Antarctic skua, takes carrion and follows ships for galley waste.*

vuelo rasante sobre la superficie del mar haciendo uso de las corrientes de viento. Dan la sensación que pueden vivir sin dormir durante mucho tiempo. Nidifican en cavidades en las rocas, rendijas naturales o grietas y especialmente en la parte superior de acantilados y pendientes rocosas. A veces lo hace tierra adentro necesitando un vuelo sobre el bosque.

Por lo general son difíciles de ver desde tierra ya que vuelan en mar abierto pero al petrel gigante se lo puede ver en la playa cuando aprovechan alimentarse de ballenas u otro animal muerto.

### Albatros

Son aves realmente grandes, de alas largas y angostas y realizan vuelos planeando extensas áreas oceánicas con muy poco consumo de energía. Entre los que se pueden ver en la zona esta el errante o viajero que alcanza una envergadura de 350 cm; no así el de ceja negra que tiene una envergadura de 230 cm.

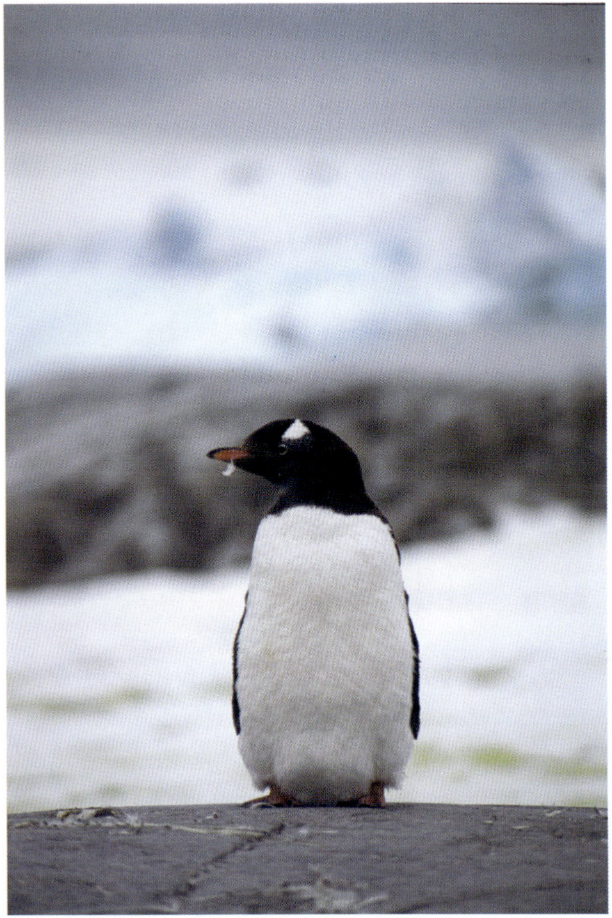

Pinguino papúa.
*Gentoo penguin.*
SERGIO ZAGIER

*of the sea taking advantage of wind currents. It seems that they can live without sleeping for a long time. These birds nest in rock cavities, natural cracks or crevices, especially in the upper part of cliffs and rocky steeps. Sometimes they make nests inland so they need to fly over the woods.*

*In general, they are not easily seen from the land as these birds fly over the open sea, but the southern giant petrels can be seen on the beach when they feed from some whale or other dead animal.*

### *Albatrosses*

*These birds are really large. They have long and narrow wings and glide over extensive oceanic areas consuming little energy. Among the ones that can be seen in the area, we find wandering albatrosses that may be 350 cm long with spread wings; unlike the black-browed albatross which can be 230 cm.*

*They are considered to be the most majestic birds of the sea*

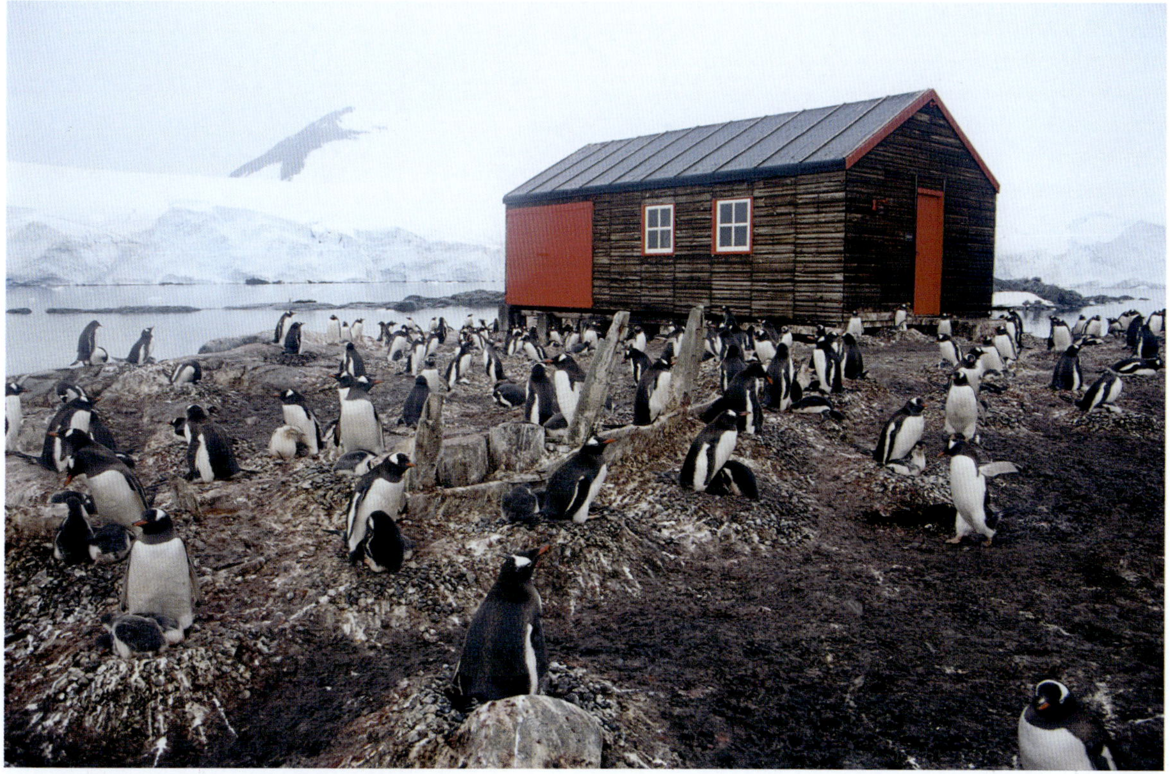

Pinguinera de papúas en la Base Primavera. CARLOS VAIRO

*Gentoo penguin rockery at Primavera Station.*

Son considerados los pájaros más majestuosos del mar y símbolo de los "Cap Horniers" del siglo pasado. Para algunos era el príncipe de las tempestades, y para otros se trataba de un portador de malos presagios. Lo cierto es que muchos náufragos, como los del *Tamaris* en 1887, los utilizaron para atarles pedidos de socorro que muchas veces llegaban tarde; de allí su reputación como mensajero de naufragios.

Para los marinos de antaño capturar estas aves, además de un cambio en el menú, significaba un preciado trofeo. Tanto es así que se disecaba la cabeza y se la colgaba como las de los animales de caza. Con los huesos de alas se hacían pipas y boquillas. Bolsas para tabaco eran confeccionadas con las patas. Por lo general los pescaban cuando los barcos eran puestos a la capa (para hacer frente a un temporal o fuertes vientos) y no desarrollaban más de 3 nudos de velocidad. La captura se hacia con una línea y un señuelo, realizado con un flotador de madera que tenía un triángulo metálico cubierto de lardo en el cual quedaba trabado el pico. Después de mucho trabajo eran llevados a bordo y luego de quitarles el señuelo los sacrificaban.

En el menú de los marinos fue incluido como antiescorbútico. Al parecer de todos los escritores de antaño el paté de albatros es más que nauseabundo. De cualquier forma se sabe que fue consumido asado, en guiso, en filetes o frito. Un viejo dicho rezaba *Celui qui n'a jamais mangé de pate d'albatros n'a jamais navigue au long-cours.*

Lamentablemente los huevos eran muy codiciados por balleneros y loberos que los consumían en cantidad y aseguraban que eran más sabrosos que los de pingüino.

*and the symbol of the 19th century "Cap Horniers". For some people it was the prince of tempests, and for many others it is a herald of bad presages. The truth is that many wreckers, as the* Tamaris' *in 1887, used albatrosses to tie help requests to them but on many occasions it was too late. For this reason, these birds started to be considered shipwreck presaging.*

*For sailors of olden times, catching these birds meant a change in their diet and, besides, an esteemed trophy. So seamen used to stuff the head that was hung on the walls the same as the heads of other hunted animals. Pipes and cigarette holders were made with the bones of the albatross' wings. With the legs sailors used to make sacks for tobacco. In general, sailors fished these birds when ships bring round looking for shelter during storms and strong winds, they do not sail faster than 3 knots. The albatross was caught with a line and a decoy made with a wooden float that had a metallic triangle covered with lard in which the bird's beak got locked. After some work the bird was brought aboard and, once the decoy was taken out, the albatross was slaughtered.*

*These birds were included in the sailors' menu as antiscorbutic. For old writers the albatross paté is extremely sickening. Anyway, it is known that albatrosses were eaten roasted, in stew, in filets, or fried. An old saying says* Celui qui n'a jamais mangé de paté d'albatros n'a jamais navigué au long-cours.

*Unfortunately, these birds' eggs were very coveted by whalers and sealers that used to eat large quantities of them claming that they were more tasty than penguins' eggs.*

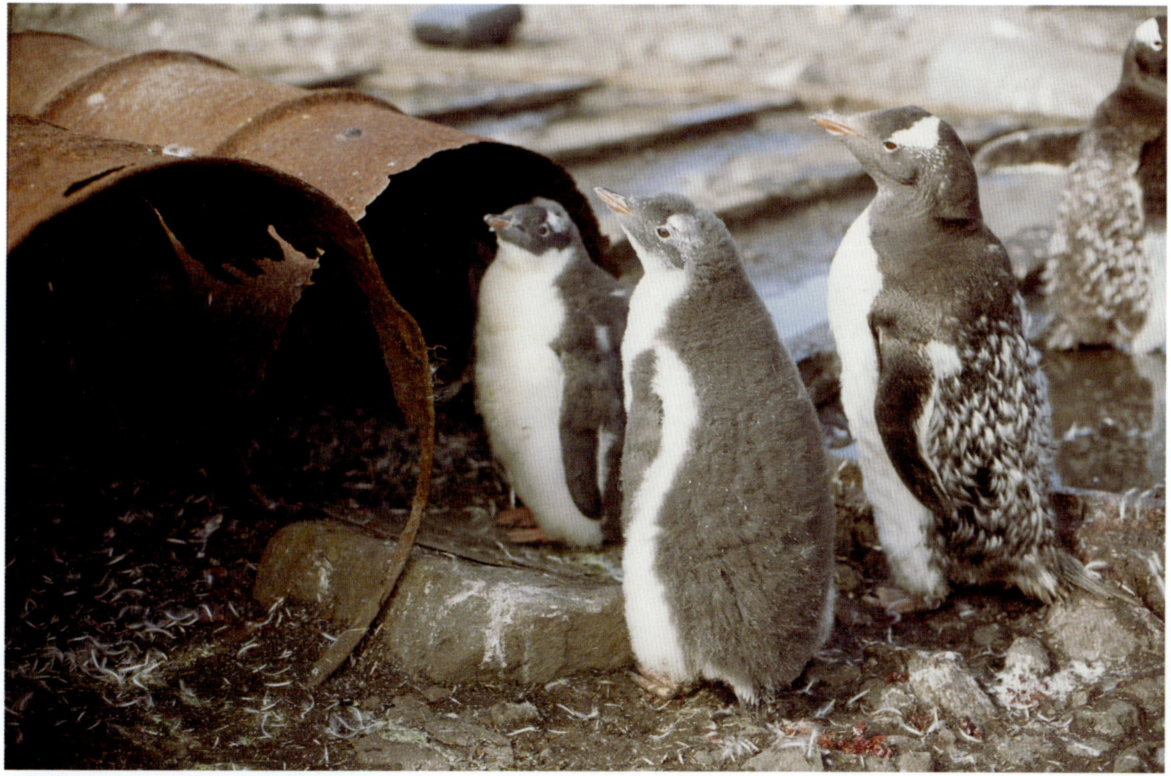

Papúas en Base Puerto Lockroy (Ing.). CARLOS VAIRO
*Gentoo at Port Lokroy Station (Eng.).*

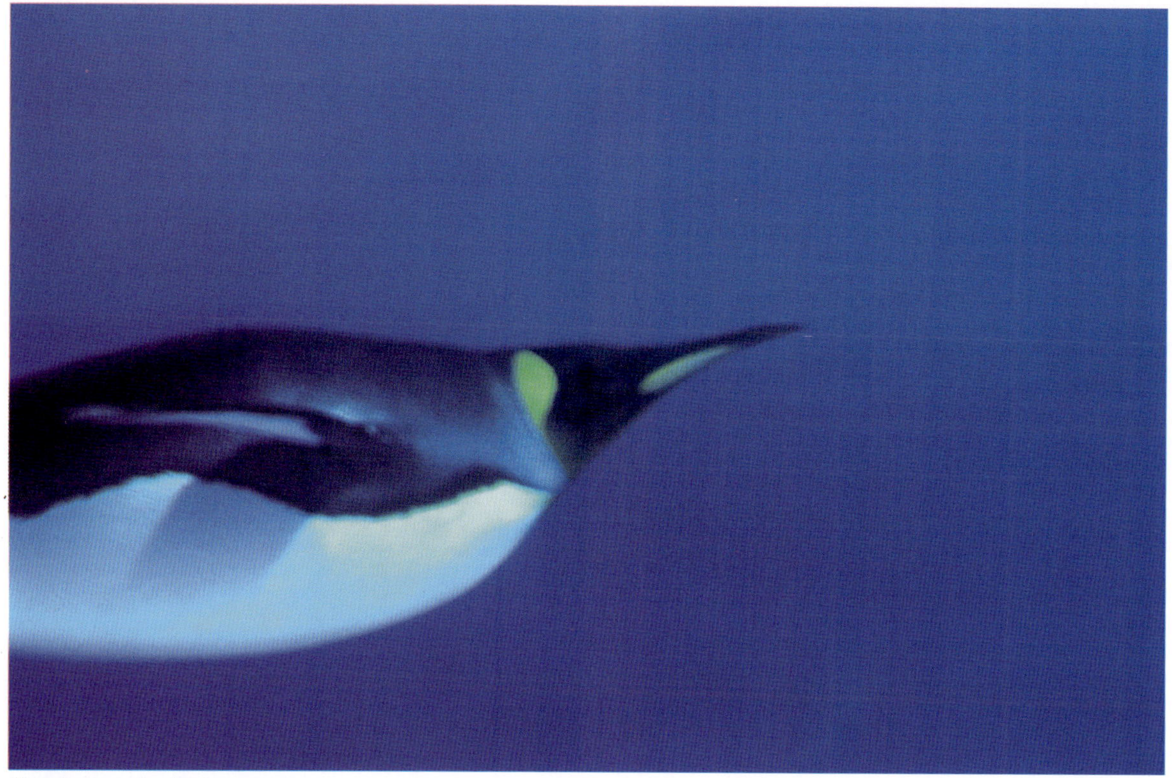

Pinguino emperador buceando. KOICHI FUJIWARA

*Emperor penguin diving.*

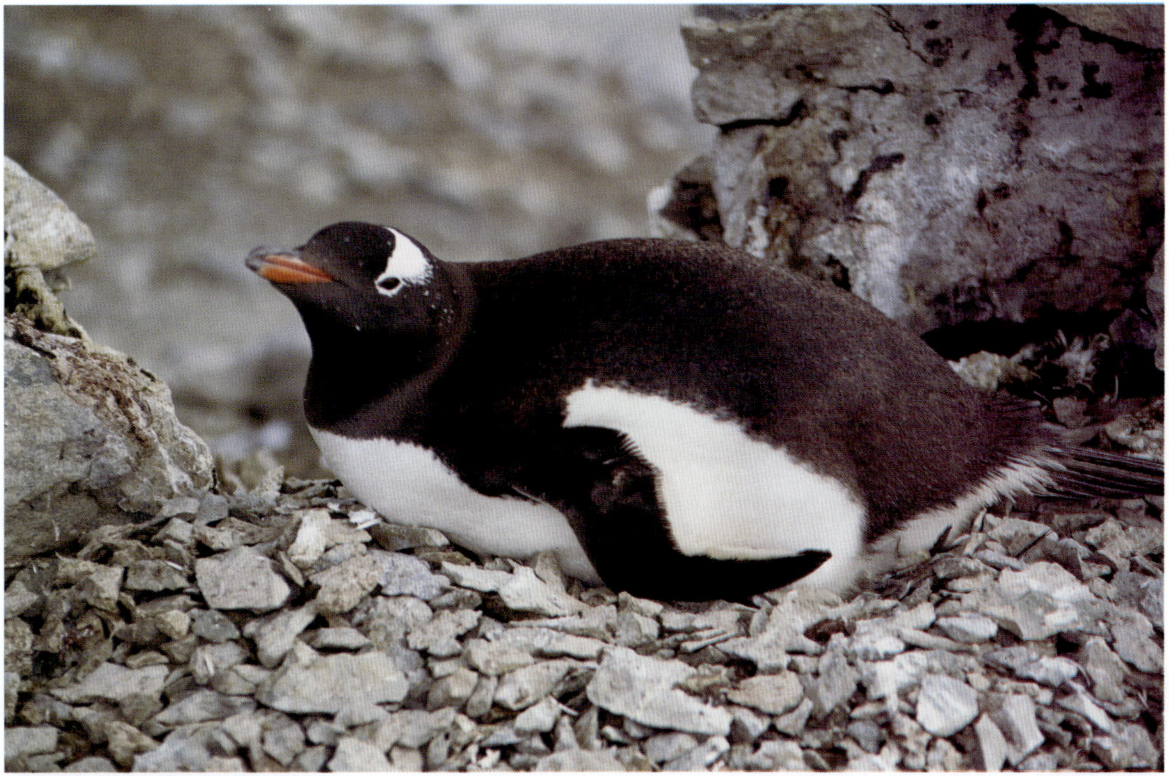

Papúa en su nido de piedras. SERGIO ZAGIER

*Gentoo at its nest of stones.*

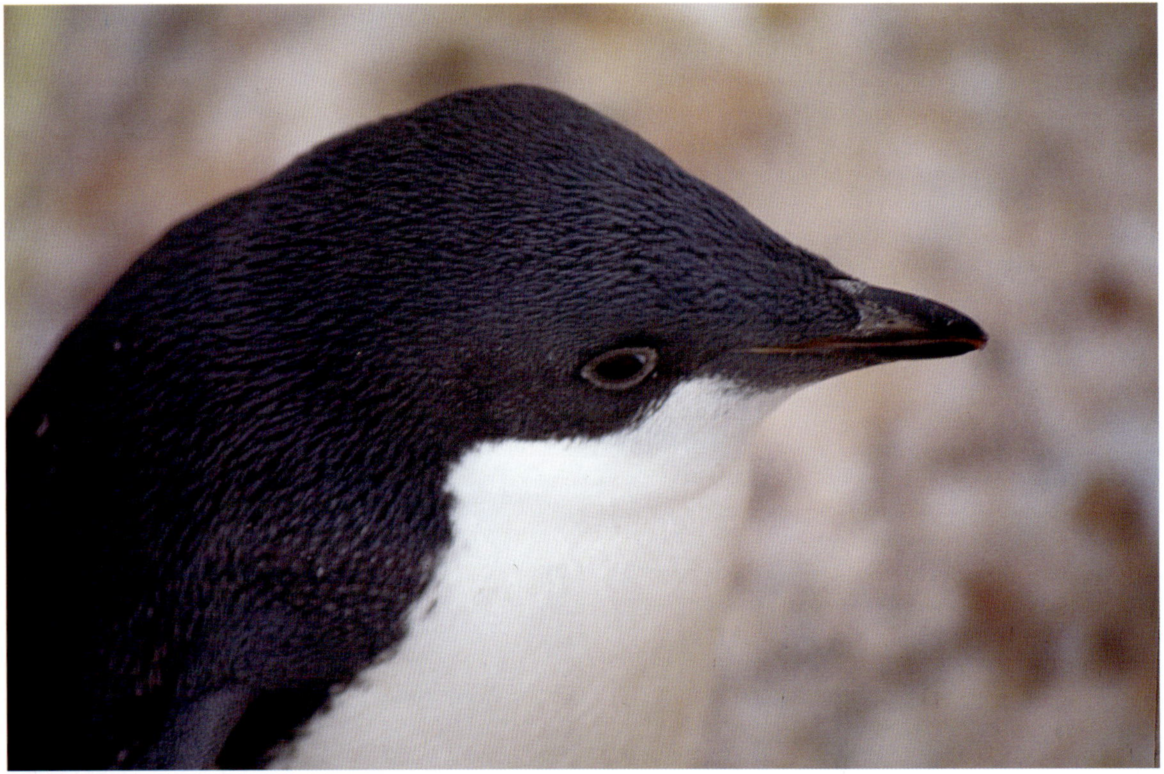

Pinguino Adelia. CARLOS VAIRO

*Adelia penguin.*

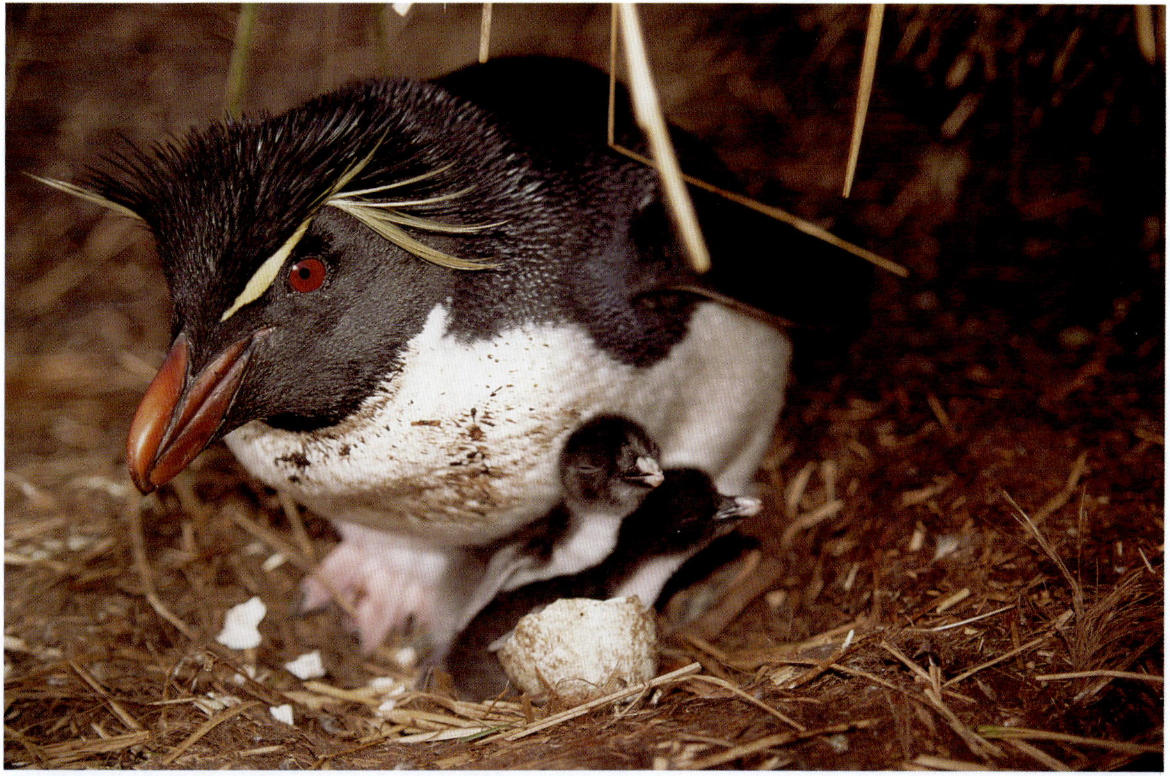

Pingüino de penacho amarillo con dos crías. Isla de los Estados.

CARLOS VAIRO

*Rockhopper penguin with two chicks. Staten Island.*

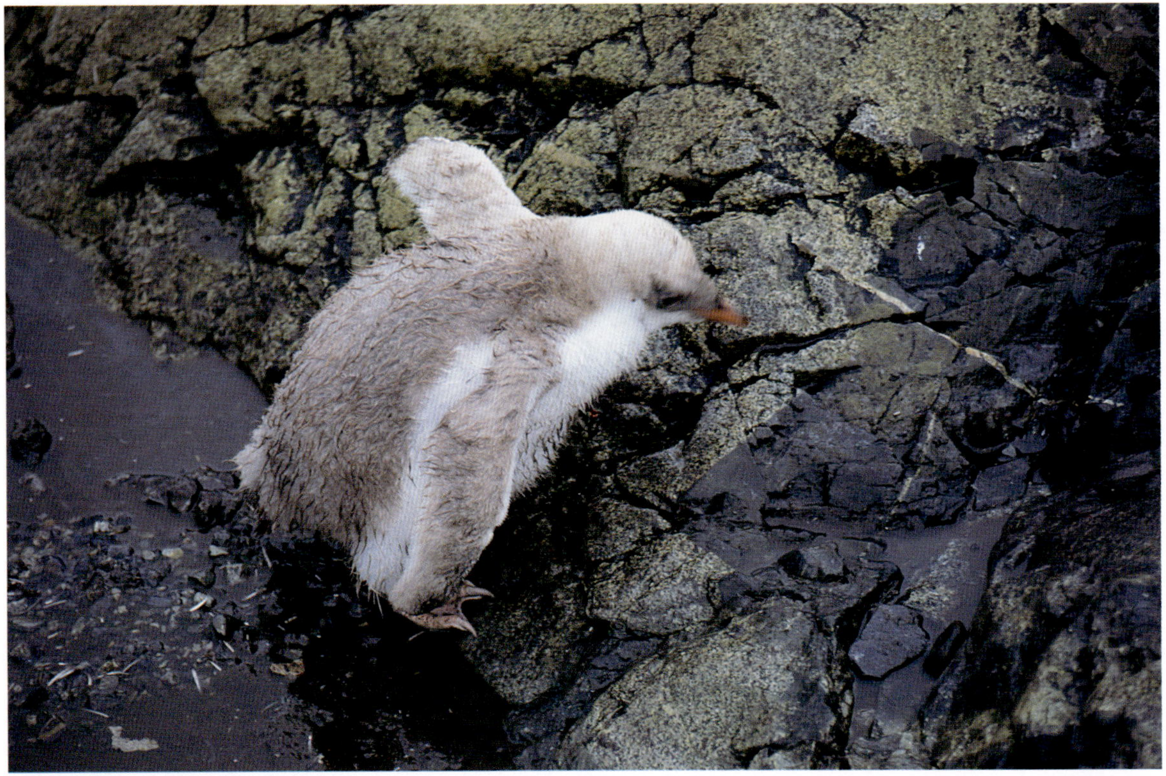

Juvenil albino de pingüino papúa.

*Albine juvenile of gentoo penguin.*

SERGIO ZAGIER

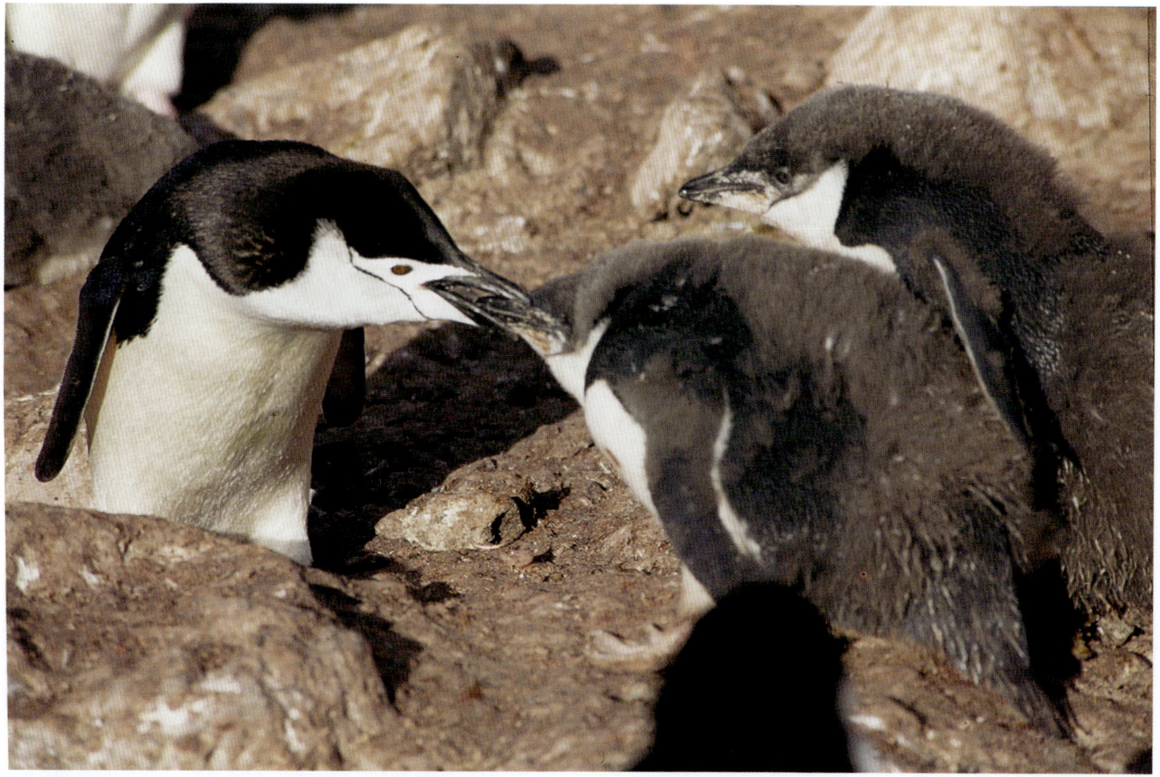

Pinguino de barbijo, alimentando a dos juveniles. CARLOS VAIRO
*Chirstrap penguin breeding two juveniles.*

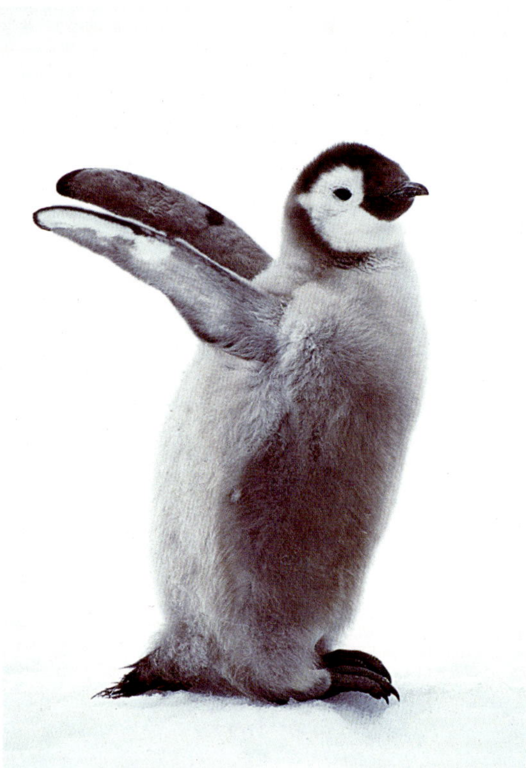

Polluelo de pinguino emperador. KOICHI FUJIWARA
*Emperor penguin chick.*

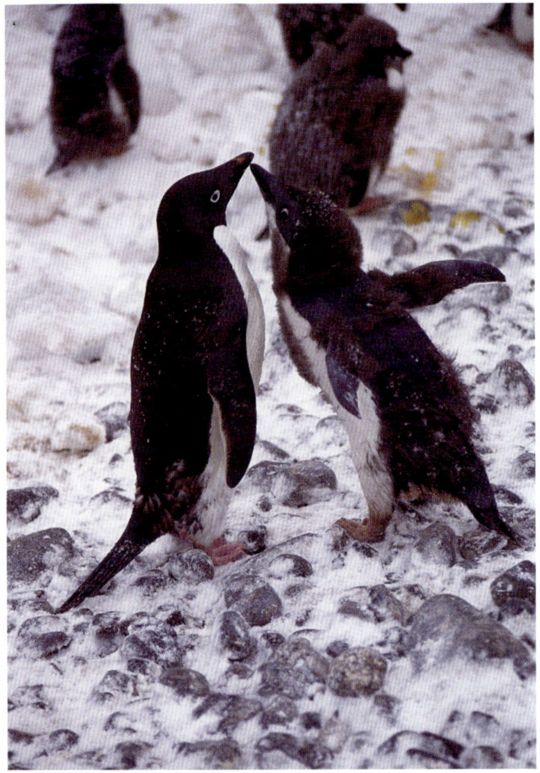

Pinguinera de Adelia. SERGIO ZAGIER
*Adelia penguins colony.*

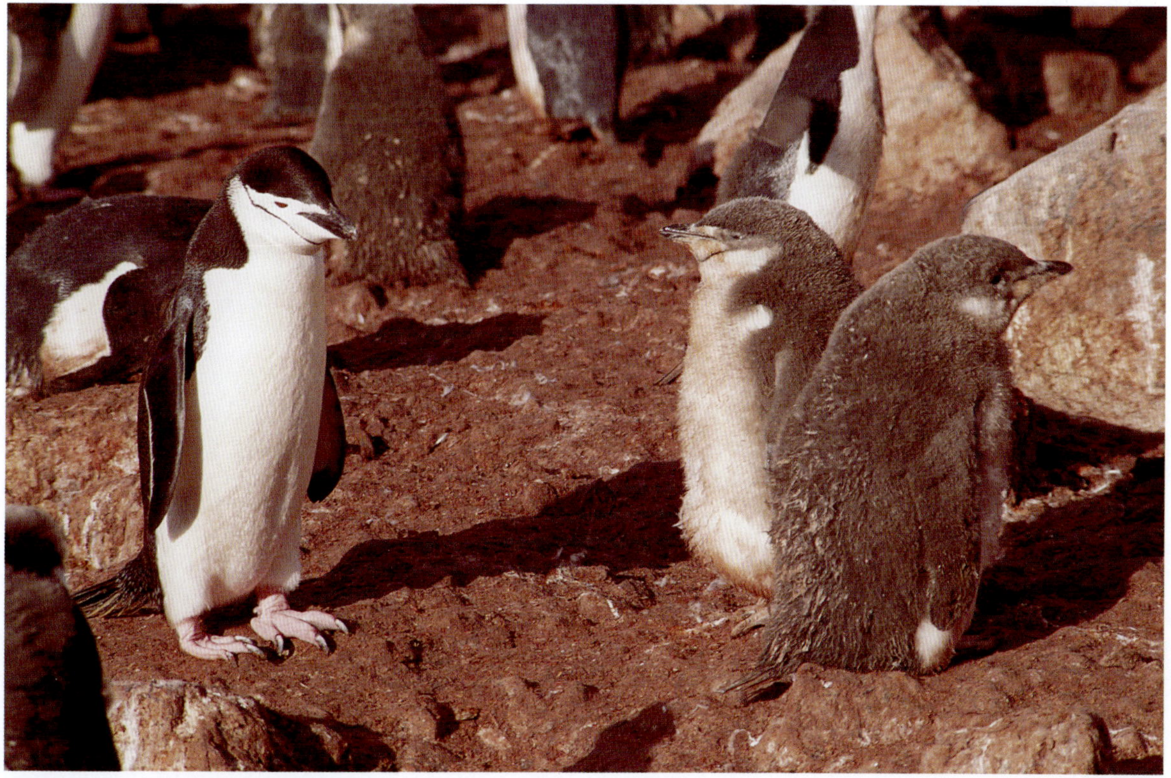

Pinguino de barbijo en Isla Decepción.
*Chinstrap colony at Decepción Island.*

SERGIO ZAGIER

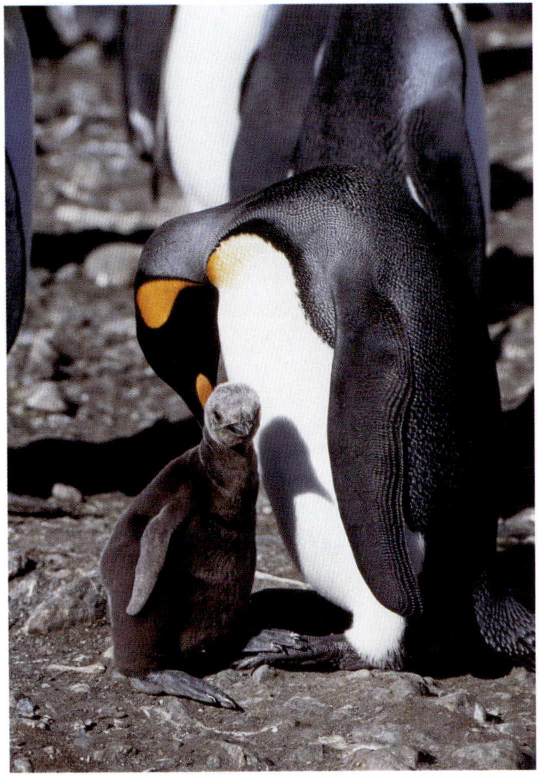

Pinguino rey y su cría en las Georgias. KOICHI FUJIWARA

*King penguin with chick at South Georgia Island.*

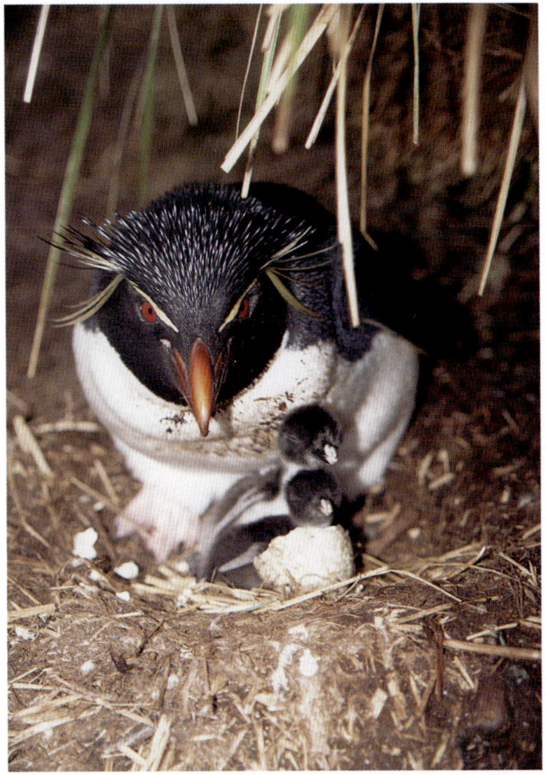

Pingüino penacho amarillo. Isla de los Estados. C.V.

*Rockhopper penguin. Staten Island.*

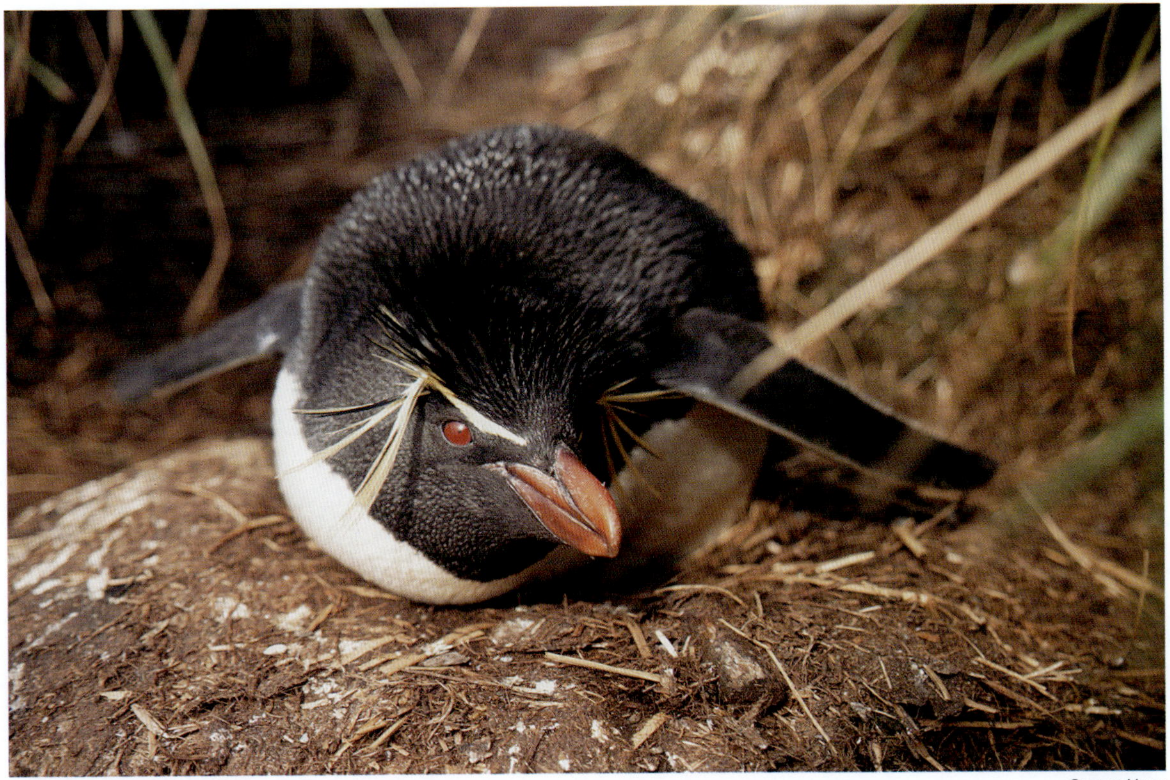

Pinguino penacho amarillo. Isla de los Estados.  CARLOS VAIRO

*Rockhopper penguin. Staten Island.*

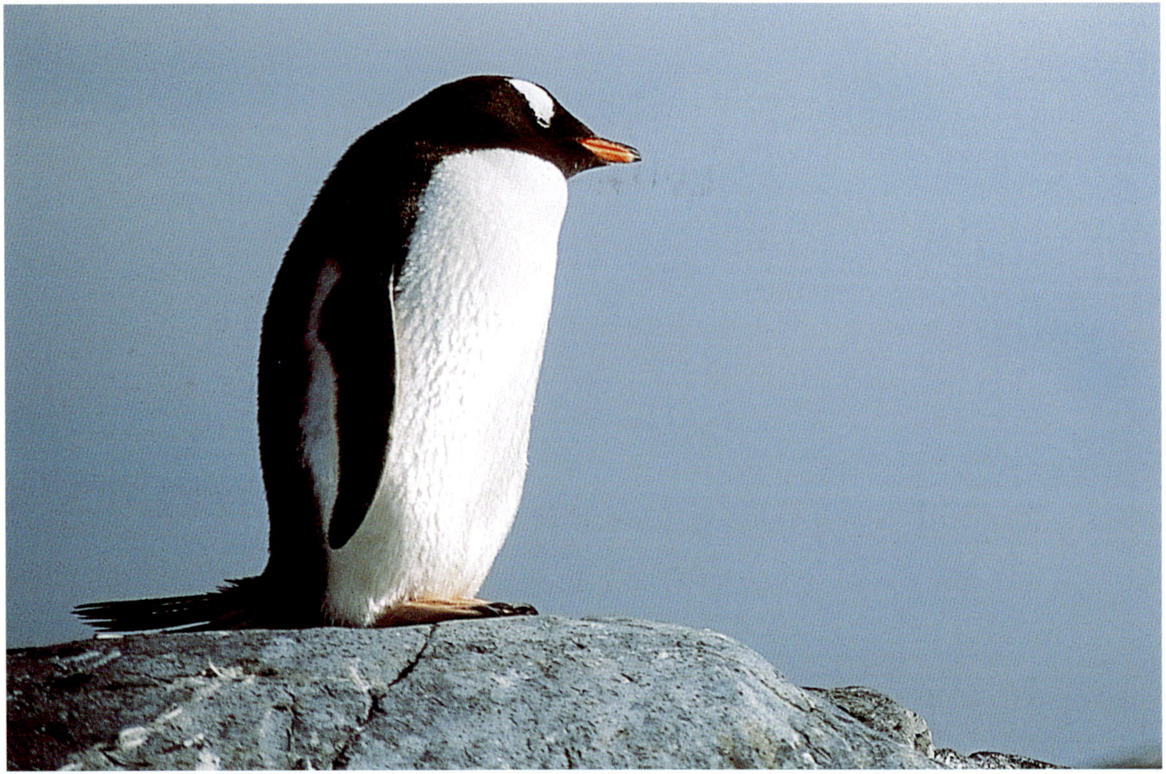

Pinguino papúa. SERGIO ZAGIER

*Gentoo penguin.*

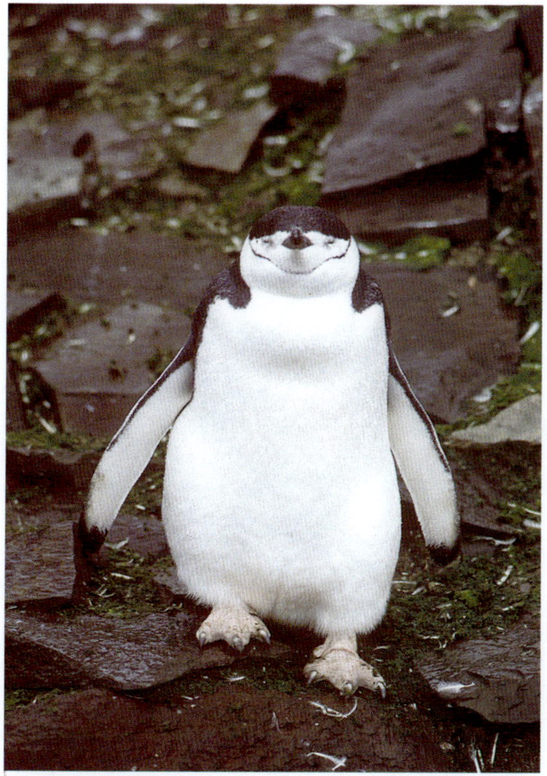

Pinguino de barbijo. CARLOS VAIRO

*Chinstrap penguin.*

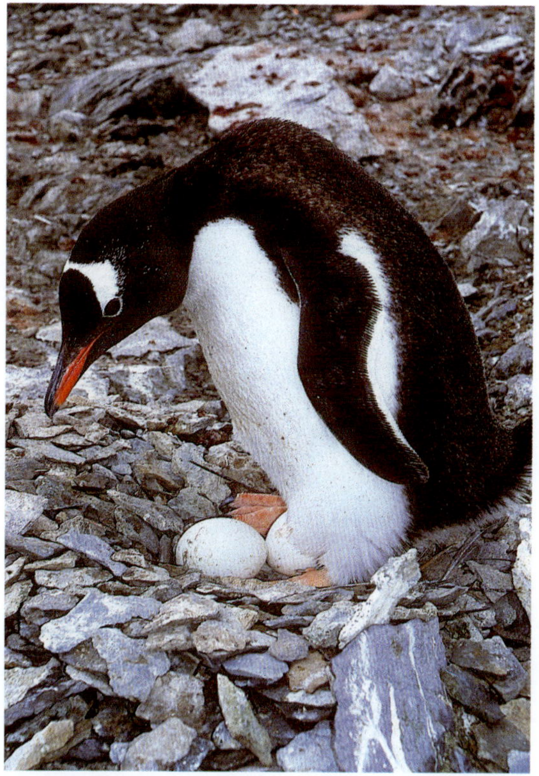

Pinguino papúa en un nido. SERGIO ZAGIER

*Gentoo penguin on a nest.*

# Mamíferos marinos

## Ushuaia y la Antártida

Entre los mamíferos que más llaman la atención están las ballenas y delfines. Las primeras son muy abundantes en la zona y si se está embarcado es seguro que con alguna especie se va a encontrar. Muchas de ellas entran a los canales y pasan por delante de ciudades como Punta Arenas y Porvenir, en grupos o solitarias. Incluso han llegado a entrar a la Bahía de Ushuaia para luego continuar su derrotero. Así tenemos el caso de las dos ballenas jorobadas que en setiembre del '89 llegaron hasta el muelle de Ushuaia o las que arribaron en mayo del '92: una jorobada y una minke, esta última se quedó hasta comienzos de julio.

Con respecto a estos raros ingresos a la bahía de Ushuaia ocurrió un acontecimiento especial el miércoles 28 de abril de 1993 y lo vio toda la ciudad. Alrededor de las 14 hs. se notó la presencia de una ballena minke cerca del muelle comercial y la costa. En realidad no estaba sola sino que llegó, herida en la aleta caudal, perseguida por varias orcas (tres hembras con dos cachorros). Por sus propias características buscó aguas poco profundas y es así como se varó en la costa. De esta forma trataba de reponerse un poco de la persecución sufrida; aunque manaba mucha sangre de las diversas heridas que le habían provocado los ataques.

# *Marine Mammals*

## *Ushuaia and Antarctica*

*As for mammals, whales and dolphins are the ones which attract our attention the most. The first ones are really abundant in the area and, being aboard, you are sure to see some specimen. Many of them enter in channels and swim past towns such as Punta Arenas and Porvenir either in groups or alone. They have even entered the bay of Ushuaia going on with their course later on. So this is the case of two "humpback whales" that in September of 1989 reached the pier of Ushuaia or the ones which arrived in May 1992: a humpback whale and a minke whale —the last one stayed until early July.*

*As regards this rare entrance to Ushuaia bay, a special happening took place. It was on Wednesday 28th April, 1993, and everybody in town saw it. About 2 p.m. a minke whale was noticed near the commercial pier along the coast. In fact this whale was not alone —hurt in its caudal fin and pursued by several killer whales (3 females and two pups). Because of its own characteristics, the whale looked for shallow waters so it beached. Thus, this whale was trying to recover from the persecution. Anyway, lots of blood were coming out of its various injuries caused by the attacks.*

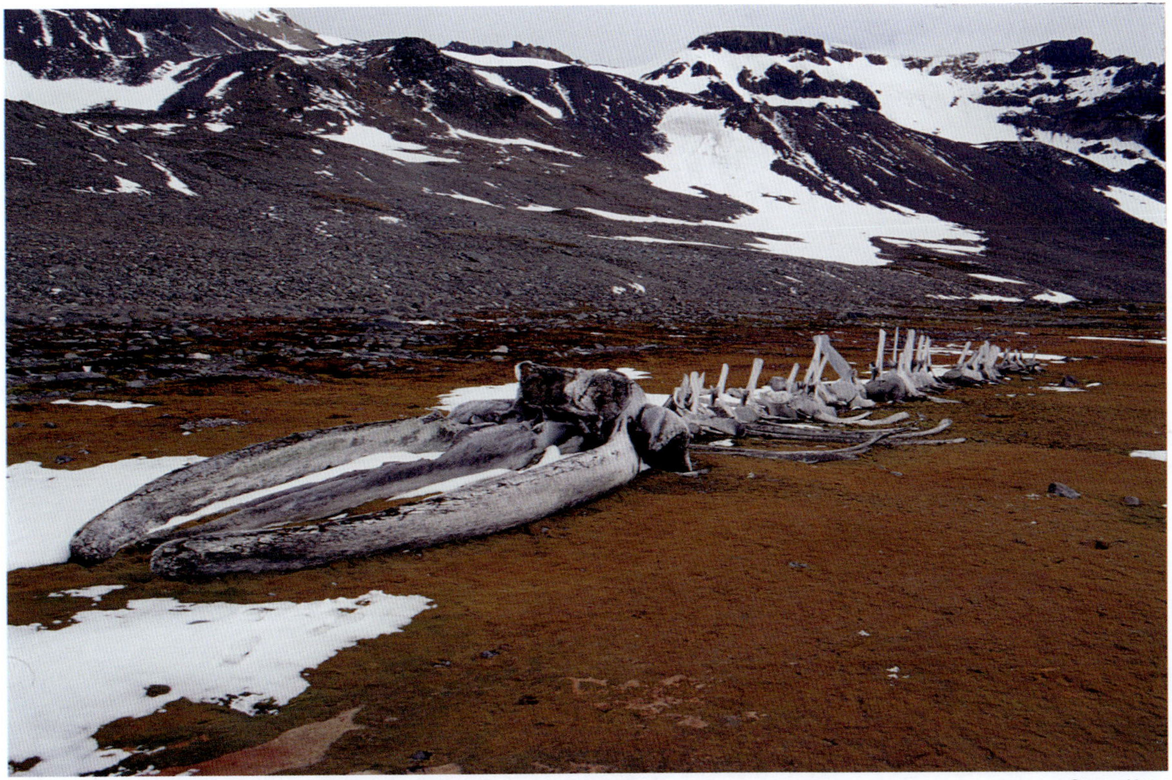

Esqueleto de una ballena azul. Bahía Lasserre.

*Skeleton of a blue whale. Admiralty Bay, South Shetland.*

CARLOS VAIRO

La ballena minke es una ballena pequeña, en comparación a sus parientes, y hoy abunda mucho en todo el mundo justamente porque su tamaño no tentaba a los balleneros. Cuando está enferma o herida busca aguas poco profundas para poder reponerse y no ahogarse. En esta situación muchas veces queda varada en seco, muriéndose porque ya el agua no la refrigera o porque su propio peso le aplasta los pulmones y no le permite respirar.

En este caso ocurrió que tanto las orcas hembras como los cachorros se alejaron, salvo una que atacó al cetáceo varado propinándole mordiscones. También éste quedo varado y tuvo que luchar por más de media hora para zafar. Alrededor de las 17 horas, con la marea alta, la minke se fue nadando ante el aplauso de todos los presentes. Entre ellos estaban los alumnos y profesores de las escuelas de la ciudad que dieron asueto para que asistieran a esta clase que brindaba la naturaleza; incluso cerraron algunos comercios céntricos y las tareas en las fábricas y otros establecimientos se vieron paralizadas. Los científicos presentes del CADIC y del Museo ya sabían lo que iba a suceder; algo que figura en todo tratado sobre cetáceos y característico en el hemisferio sur. Repentinamente apareció una orca macho de gran tamaño que detuvo a la minke a mordiscos hasta que rápidamente aparecieron las hembras con sus cachorros y, a escasos 400 m de la costa, toda la ciudad vio como se la devoraban. Se cumplía una vez más la "ley natural" y quedaba en claro el porqué del apodo de "ballena asesina" a la orca.

En la costa de Tierra del Fuego muchos cetáceos suelen morir en la playa. Para citar algunos ejemplos tenemos a un cachalote de aproximadamente 15 m que varó cerca de Estancia Viamonte en 1988, o las famosas 13 ballenas que

*Compared to their relatives, minke whales are small and today they are abundant anywhere in the world, because they were not interesting for whalers. When these whales are hurt or sick, they look for shallow waters to recover and to avoid drowning. So, on many occasions they stay beached without water so that they die because water does not refresh them any longer and because their own weigh crushes their lungs and they cannot breathe.*

*In this case, both female killing whales and pups swam away, except for one that attacked the cetacean beached biting it. So also the attacker was beached and had to struggle to save itself for over half an hour. At about 5 p.m., with high tide, the minke whale swam away accompanied by the applause of everyone present. Teachers and students of the town's schools were also present as a day off had been granted for them to attend this nature's lesson. Even some downtown shops closed and factories and other establishments stopped working. Scientists from the CADIC and from the Museum were present and they knew well what was about to happen. Something that appears in every book about cetacea and typical of the Southern Hemisphere. Suddenly, a large male orca appeared and stopped the minke biting it to death and the females with their pups came quickly. Just 400 meters away from the coast the whole town saw how they devoured the minke. Once more the "natural law" acted and it was clear why orcas are known as "killer whales."*

*Many cetacea usually die on beaches along the coast of Tierra del Fuego. As an example we can mention a sperm whale about 15 meters long that beached near Estancia Viamonte in 1988, or the famous 13 whales that that arrived at estancia Harberton (1965). This has been repeat-*

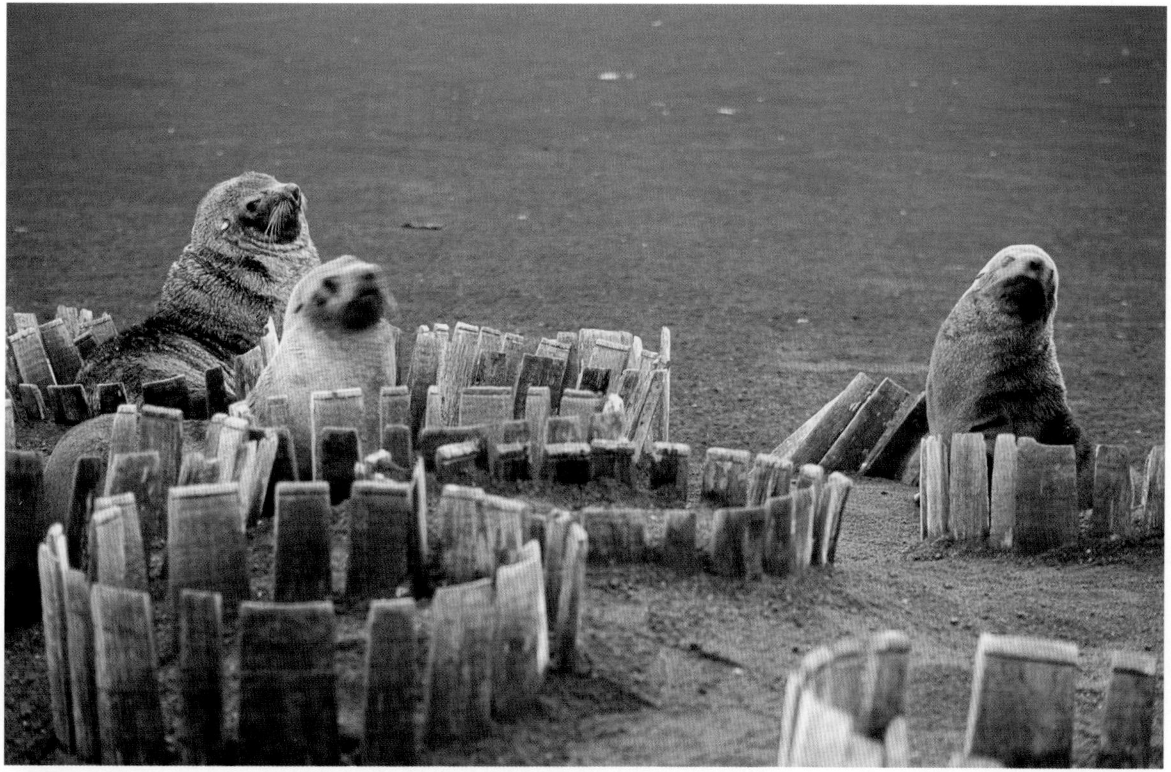

Isla Decepción. Lobos de dos pelos entre los restos de barriles de una factoría ballenera. SERGIO ZAGIER

*Deception Island. Antarctic fur seal and old barrels of a whaling station.*

llegaron a la Estancia Harberton (1965). Esto ha sido así desde siempre dado que viajeros de todos los tiempos hablan acerca de estos varamientos y la importancia que tenían para los primitivos habitantes de la zona. Para ellos el acontecimiento se convertía en una gran fuente de alimento. Entre los yamanas y los alakalufes se avisaban rápidamente unos a otros y se establecían alrededor del animal muerto hasta consumirlo totalmente. Incluso guardaban algunos trozos semi asados en charcas con agua de turbal para momentos de escasez. Además de consumir la carne, tenían especial preferencia por la grasa, utilizaban la barba de ballena para coser sus canoas además de realizar líneas de pesca, redes y lazos; con los huesos hacían arpones y algunos los utilizaban para la canoa.

Para los shelkman (onas) un acontecimiento como éste podía depararles comida por mucho tiempo, además de utilizar la barba de ballena para confeccionar lazos para cazar aves.

Entre las especies más comunes tenemos a la orca (*Orcinus orca*) que se las suele ver cerca de Isla Martillo e Isla Gable en el Canal Beagle y en el Estrecho de Magallanes y toda la región antártica. También es usual ver cachalotes (*Physeter catodon*) que, como la orca, poséen dientes.

Ya vimos el porqué del apodo de la "orca". En realidad es más común su ataque a lobos marinos, pingüinos y otros mamíferos marinos, sin que existan ataques a humanos documentados; aunque entre navegantes existen muchas versiones. Es probable que ataquen en caso de mucha hambre y, porque no, confundidas pueden creer que se traten de lobos marinos. Lo cierto es que con el hombre se lleva bastante bien. Además de los acuarios esparcidos por todo

*ed throughout the years as voyagers of all times tell stories about these beachings and how important they were for the primitive inhabitants of the area. For them this kind of event provided abundant food. "Yamanas" and Alakalufes quickly communicated each other and settled down near the dead animal until they eat it up. They even kept some pieces of meat in ponds with peat-bog water for times of lack of food. Apart from eating the meat, they appreciated whales fat and used whalebones to sew their canoes apart from making lines to fish, nets and lariats. Some bones were used for harpoons and others for canoes.*

*For the Shelkman (Ona) this event could mean food for a long time. Besides, they used whalebones to make lariats to hunt birds.*

*Among the most common species we find killer whales* (Orcinus orca), *which are usually seen near Martill island and Gable island in the Beagle Channel and in the Strait of Magellan, and all over Antarctica. It is also usual to see sperm whales* (Physeter catodon) *that, together with killer whales, are the ones which have teeth.*

*We have already mentioned the reason for the nickname of "orcas". In fact, they attack sea lions, penguins and other sea mammals more frequently and there are no documented attacks to human beings—anyway seamen tell many versions about this. Killer whales are likely to attack if they starve and, why not, they may mistake a person for a sea lion. The truth is that they get on quite well with human beings. Apart from the stories of aquariums of all around the world, seamen tell their own stories. This is the case of an interesting story from the Twofold Bay museum, Australia, where the mandibles of a*

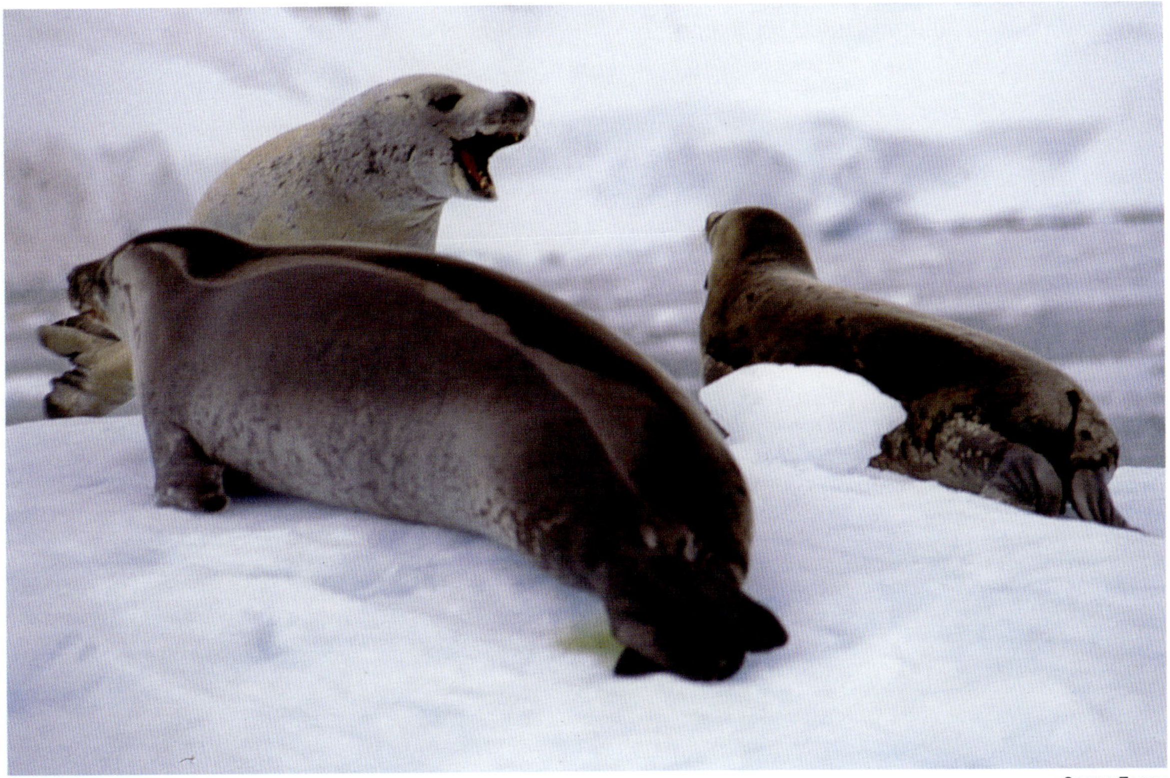

Sergio Zagier

Foca cangrejera, la más abundante del mundo.

*Crabeater seal, the most abundant seal of the world.*

el mundo existen miles de hechos que nos llegan de boca de marinos. Es interesante el relato que nos llega del museo de Twofold Bay, Australia, donde guardan las mandíbulas de una gran orca macho que durante años colaboró con los balleneros del lugar.

Durante más de tres generaciones (hasta 1930) las orcas del lugar se encargaron de acorralar a las ballenas en bahías para que éstas pudieran ser cazadas con facilidad por los hombres de la Eden Whaling Station. A cambio recibían un bocado que les encanta: la lengua del cetáceo capturado. Su afán de recibir el premio era tan grande que una de estas orcas tomó la costumbre de remolcar, con el cabo del arpón entre los dientes, a la ballena cazada hasta el ballenero y apurar la faena.

Las ballenas sin dientes tienen barbas que cuelgan de la mandíbula superior y las utilizan para filtrar el agua. Como en una red quedan en ellas atrapados el krill, plancton y otros crustáceos de los que se alimentan. Pueden aparecer la ballena fin (*Balaenoptera physalus*) de 22 m de longitud y hasta 45 ton de peso; la ballena franca pigmea (*Caperea marginata*) de unos 5 m de longitud y 4 a 5 ton de peso; la franca (*Eubalanea australis*) de unos 15 m y 54 ton de peso; la jorobada (*Megaptera novaeangliae*) que llega a los 15 m y 40 ton y la azul (*Balaenoptera musculus*) donde la hembra puede llegar a los 26 m de longitud y hasta 130.000 kilos de peso, siendo el mamífero mas grande del mundo; la minke es una de las más pequeñas, los machos pueden alcanzar los 10,7 m de longitud y 10 ton de peso en el hemisferio sur, concentrándose en los mares polares en búsqueda de su alimento preferido: el krill.

*large male killer whale —that helped local whalers for years— are kept.*

*For over three generations (up to 1930) killer whales there were in charge of trapping whales in bays so that the men from the Eden Whaling Station could hunt them more easily. As a reward, they received their favorite dish: the tongue of the cetacean caught. Their eagerness for being compensated was so intense that one of these killer whales got used to drag —seizing the end of the harpoon with its teeth— the hunted whale to the whaler to hurry the slaughtering.*

*Toothless whales have whalebones hanging from their upper mandible to filter water. Being net-like, these whalebones catch krill, plankton and other crustacean on which whales feed. Finner whales (*Balaenoptera physalus*) of 22 meters long and of up to 45 tons may appear; also pygmy right whale (*Caperea marginata*) of about 5 meters long and between 4 and 5 tons; southern right whale (*Eubalanea australis*) of about 15 meters and 54 tons; humpback whales (*Megaptera novaeangliae*) that may reach up to 15 meters and 40 tons; and blue whales (*Balaenoptera musculus*)—a female specimen may be 26 meters long and up to 130,000 kg being the largest of mammals in the world. On the contrary, minke whales are the smallest: males may be 10.7 meters long and 10 tons. They live in the Southern hemisphere and concentrate in polar seas looking for their favorite food—krill.*

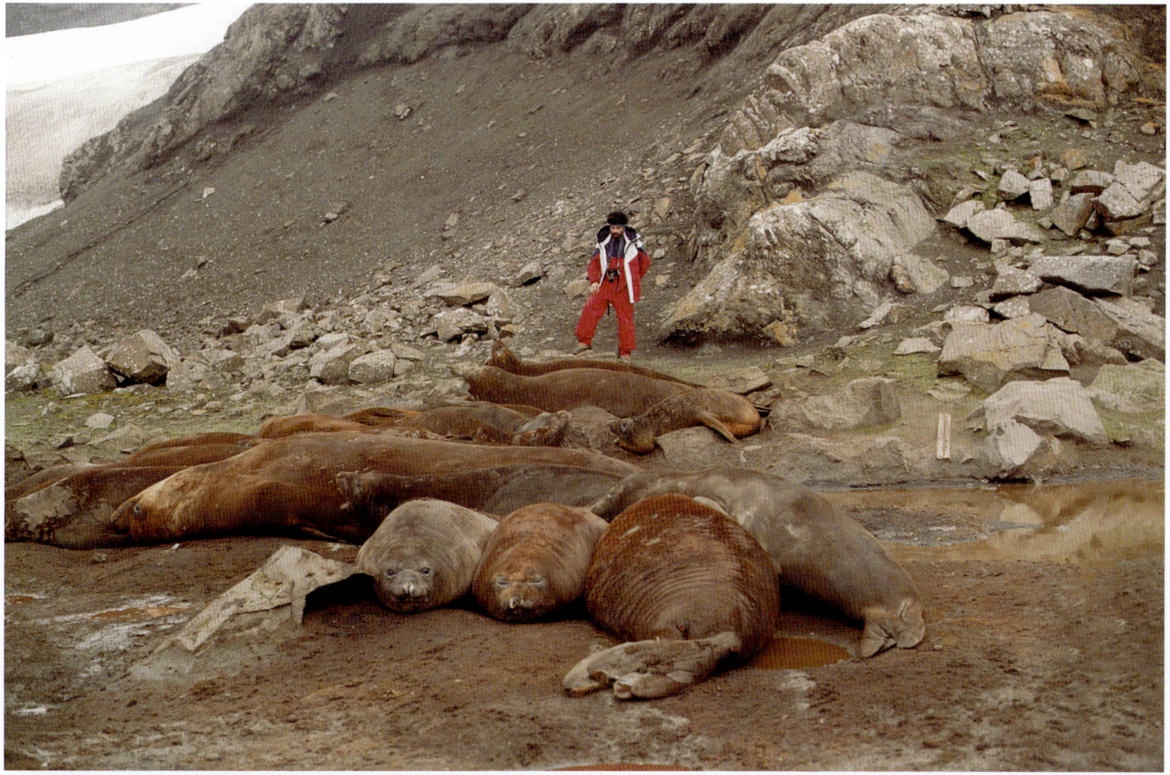

Elefantes marinos en Isla 25 de Mayo. CARLOS VAIRO

*Sea elephants at King George Island, South Shetland.*

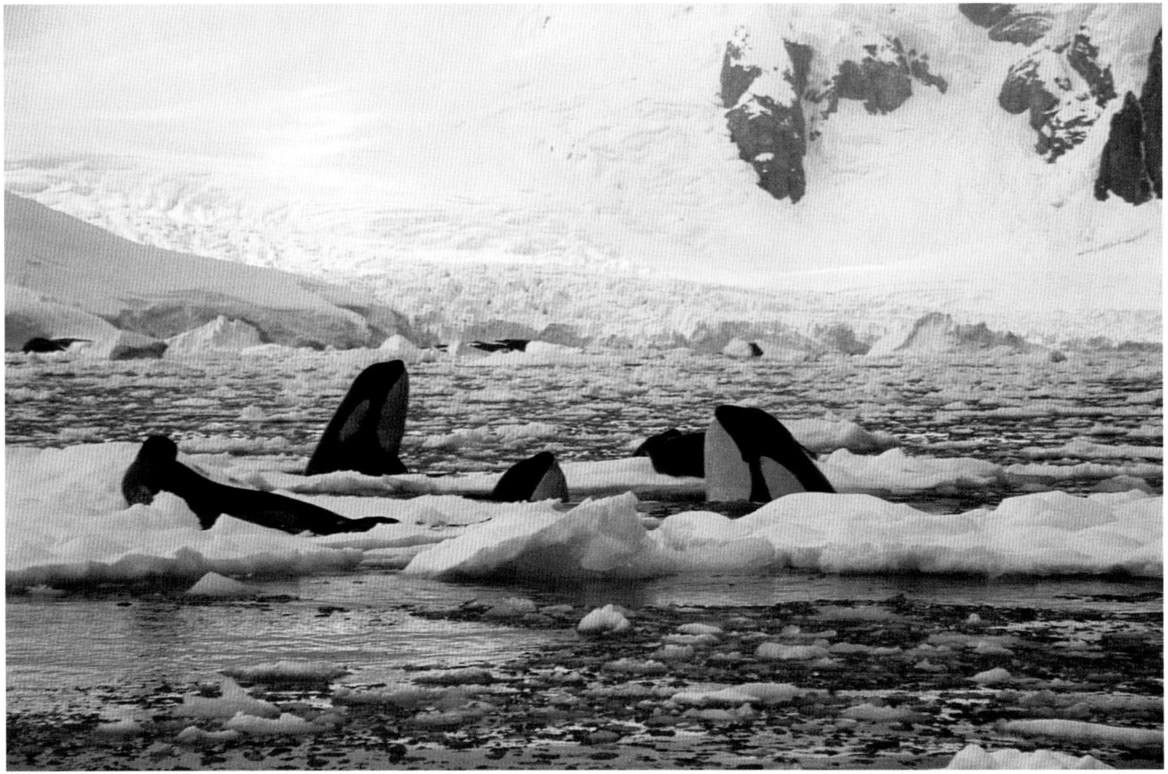

Orcas. SANTIAGO IMBERTI

*Killer whales.*

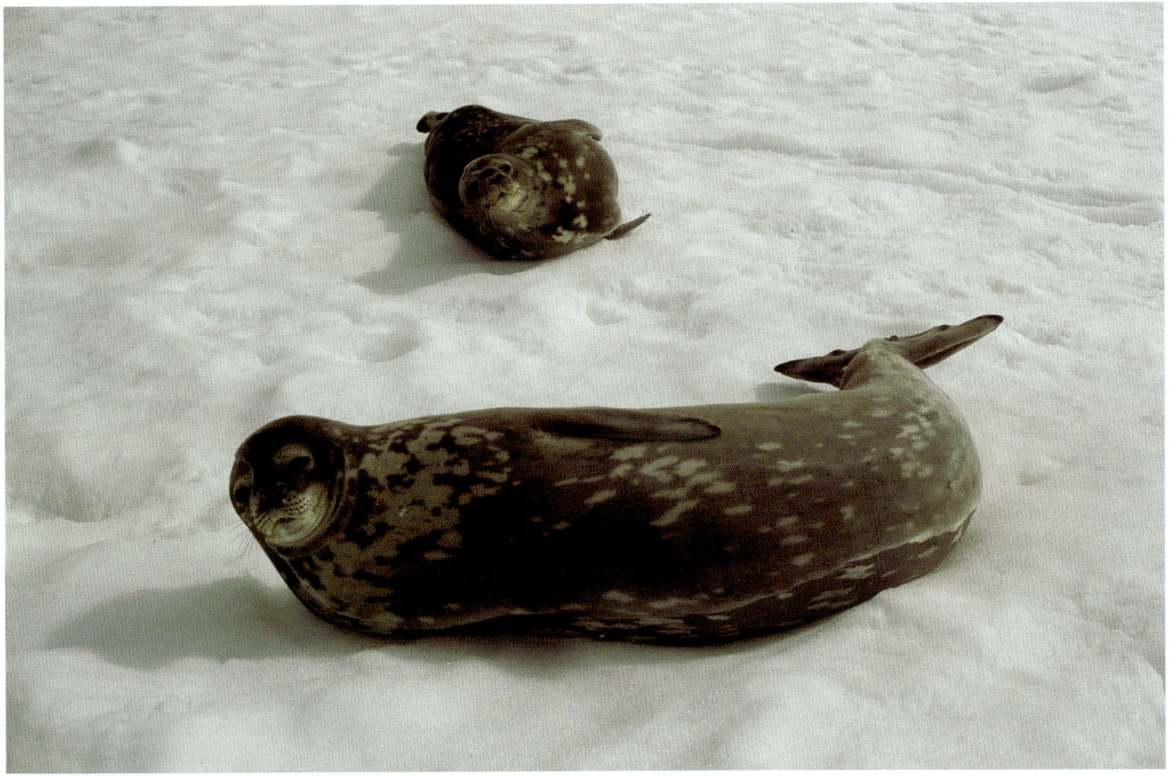

Focas de Weddell, Shetland del Sur.

*Weddell seals, South Shetland.*

SERGIO ZAGIER

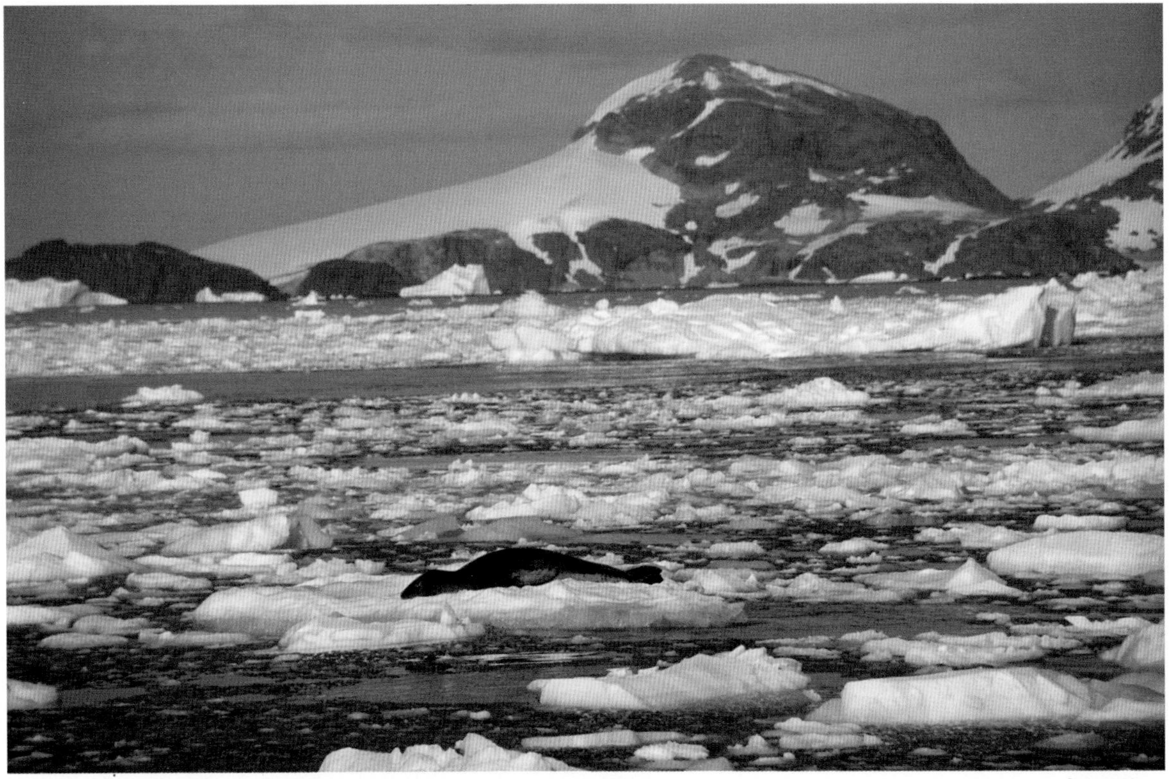

Leopardo marino descansando sobre bandejas de hielo. Isla Booth. CARLOS VAIRO

*Leopard seal resting over ice floes, Booth Island.*

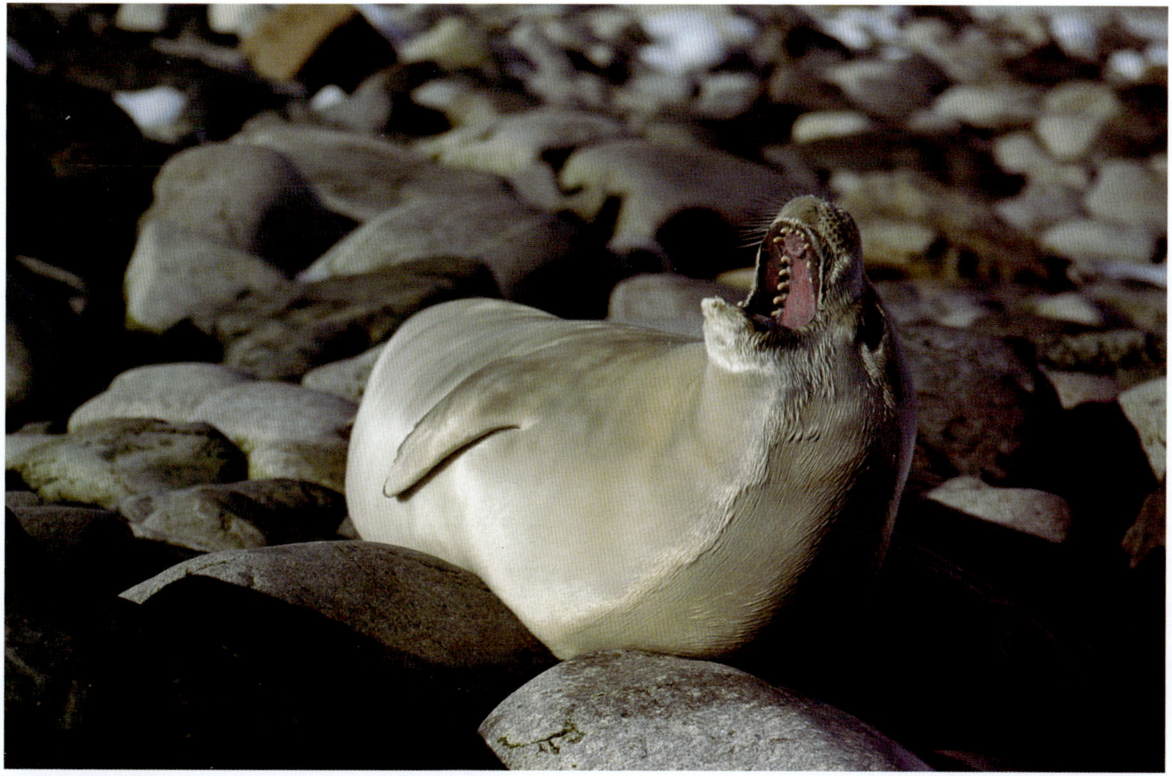

Foca cangrejera.
*Crabeater Seal.*

SERGIO ZAGIER

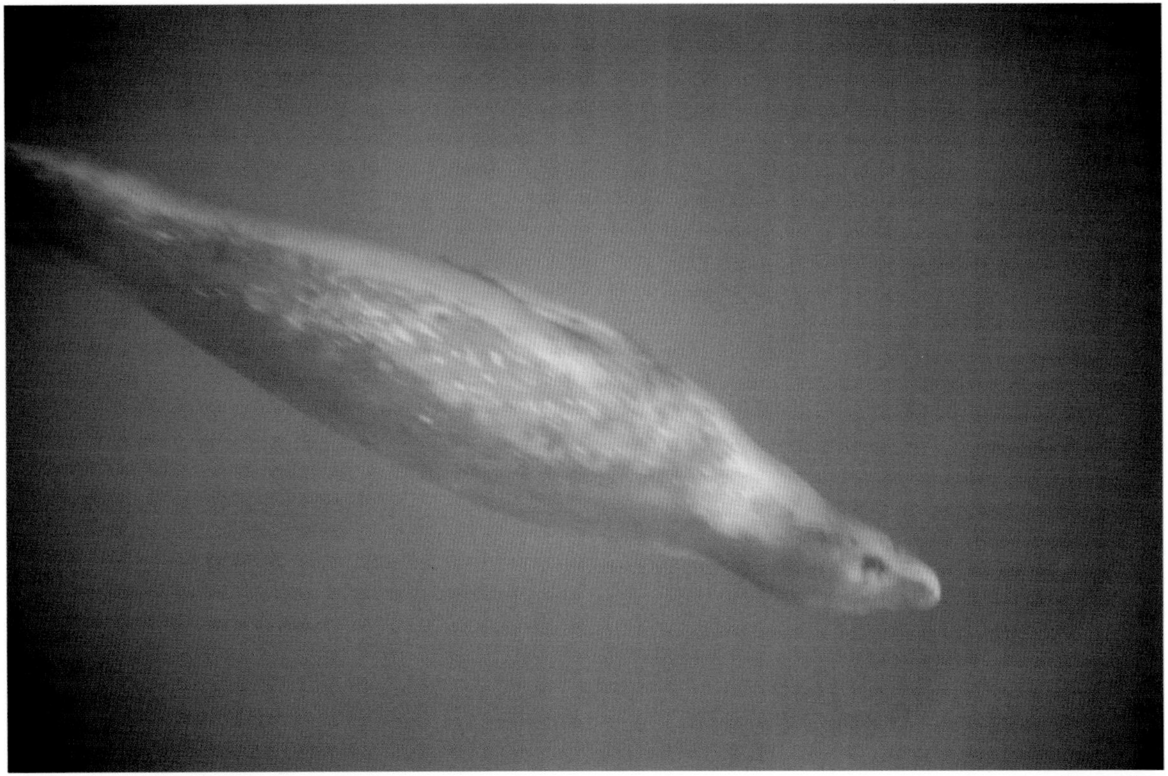

Leopardo marino buceando, Islas Argentinas.
*Leopard seal diving, Argentine Islands.*

CARLOS VAIRO

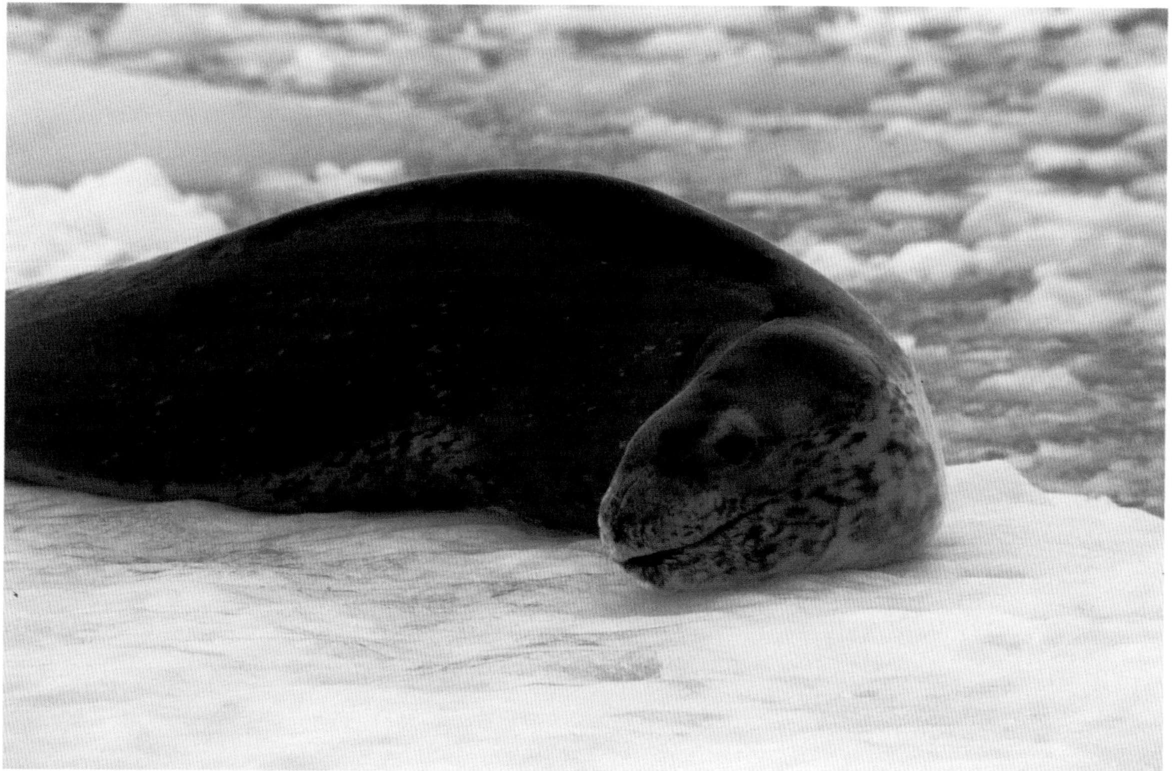

Leopardo marino, depredador de pingüinos. SERGIO ZAGIER

*Leopard seal, big enemy of penguins.*

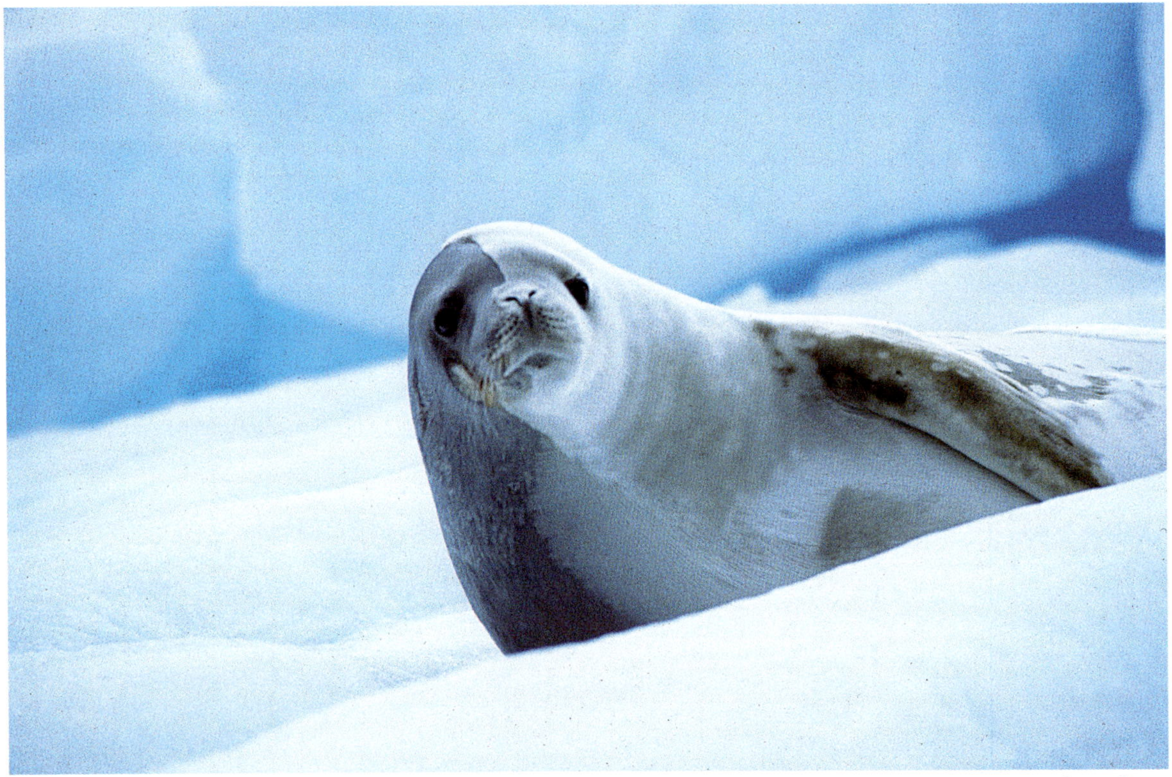

SERGIO ZAGIER

Foca cangrejera.

*Crabeater seal.*

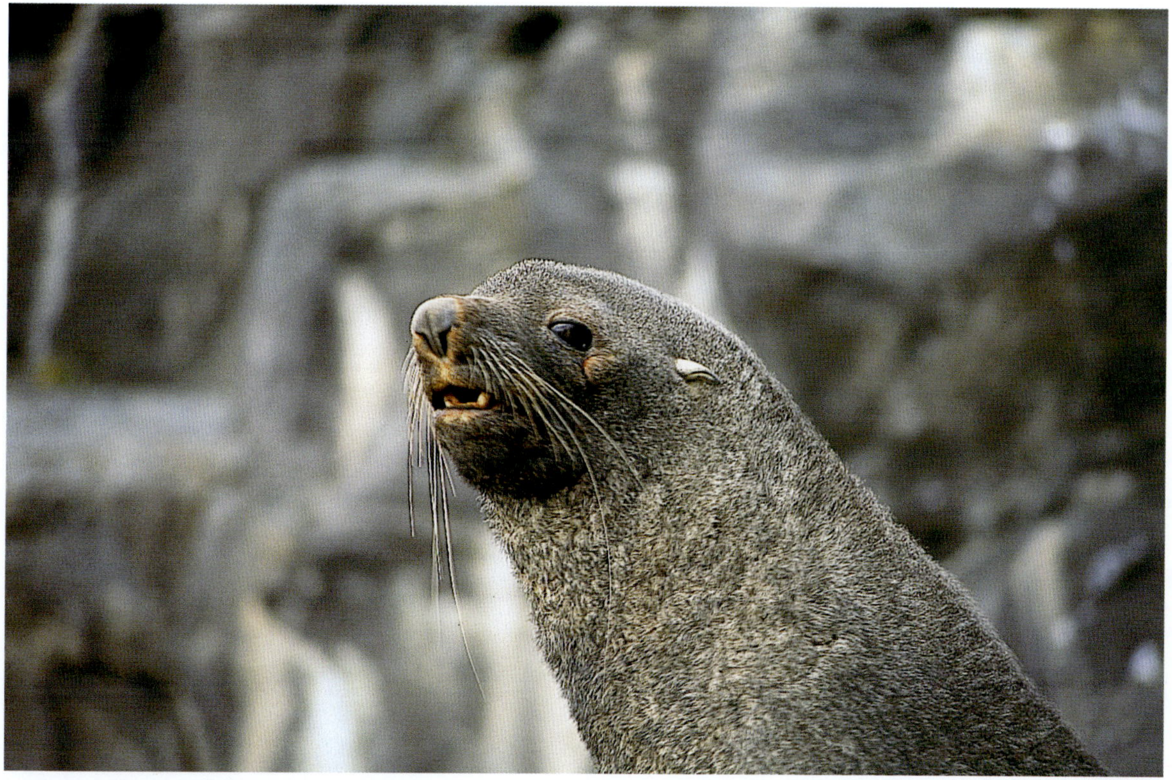

Lobo de dos pelos juvenil, Isla Decepción.
*Young Antarctic fur seal, Deception Island.*

SERGIO ZAGIER

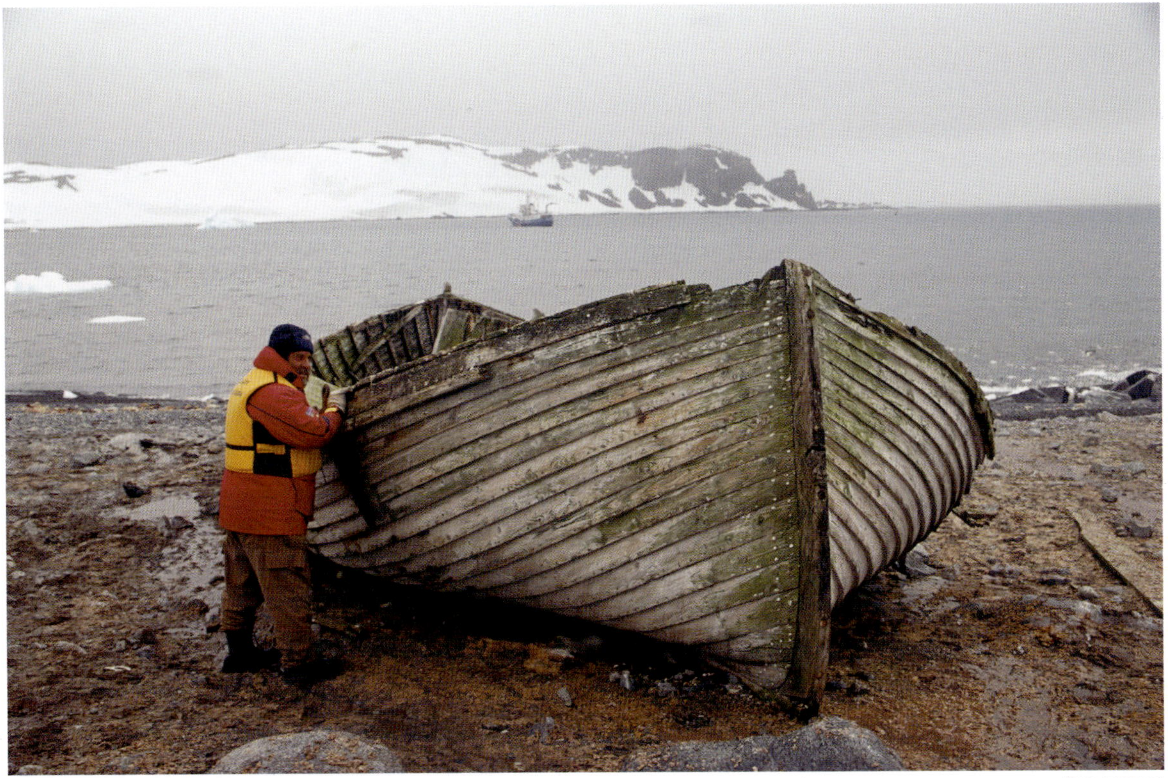

Antiguo bote en Isla Media Luna, Shetland del Sur.

*Old boat in Half Moon Island, South Shetland.*

Carlos Vairo

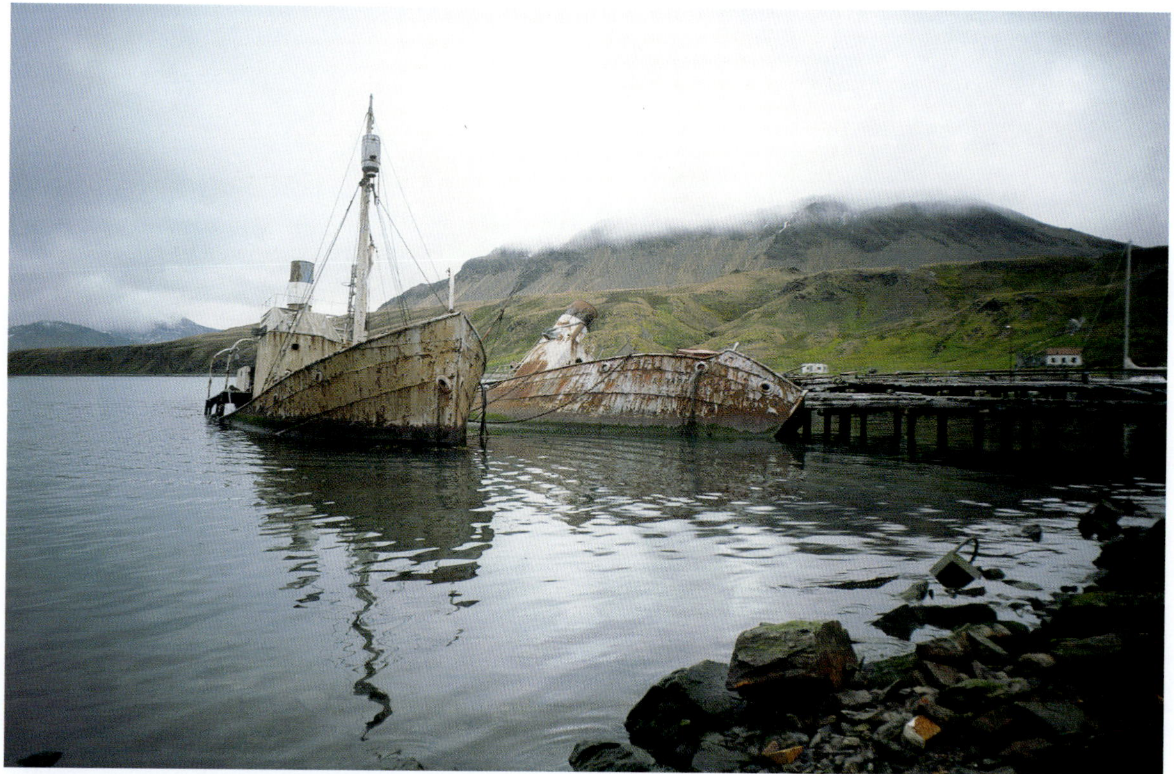

Balleneros en Grytviken, Georgias del Sur. CARLOS VAIRO
*Whalers at Grytviken, South Georgia.*

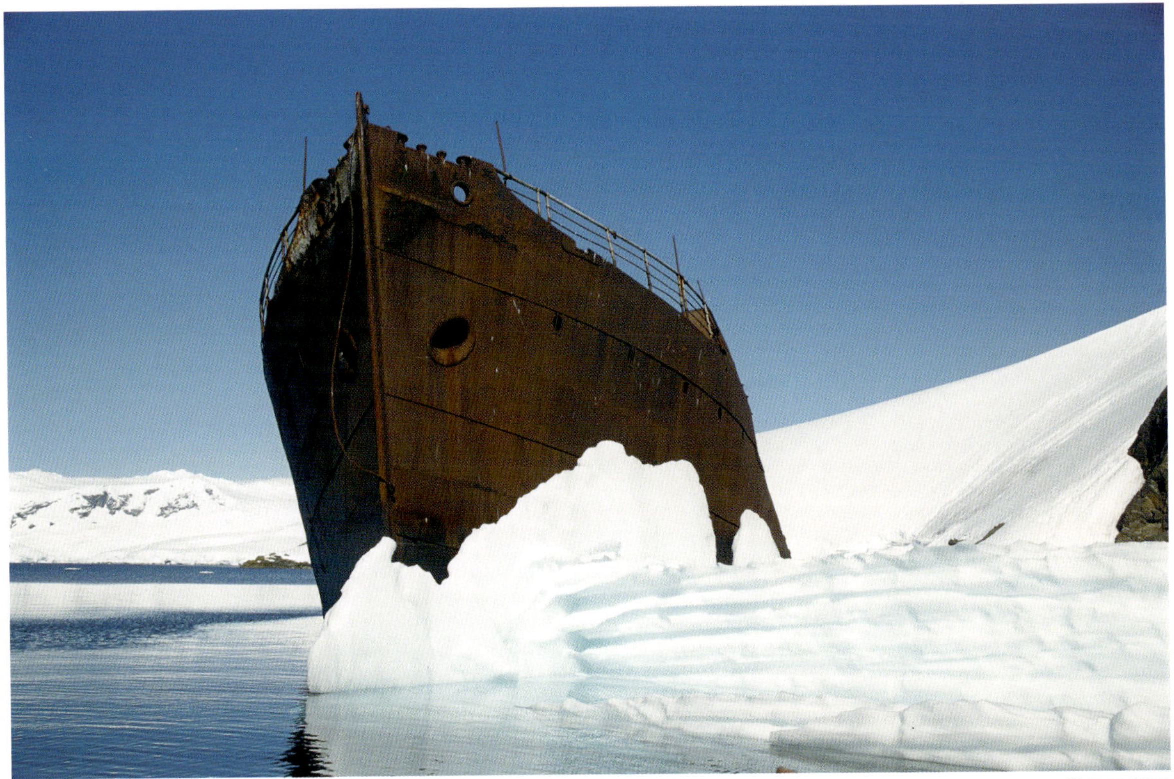

CARLOS VAIRO

El *Governoren* (1916), factoría flotante de ballenas, Isla Nansen.
Governoren *(1916) Floating factory, Enterprise Island.*

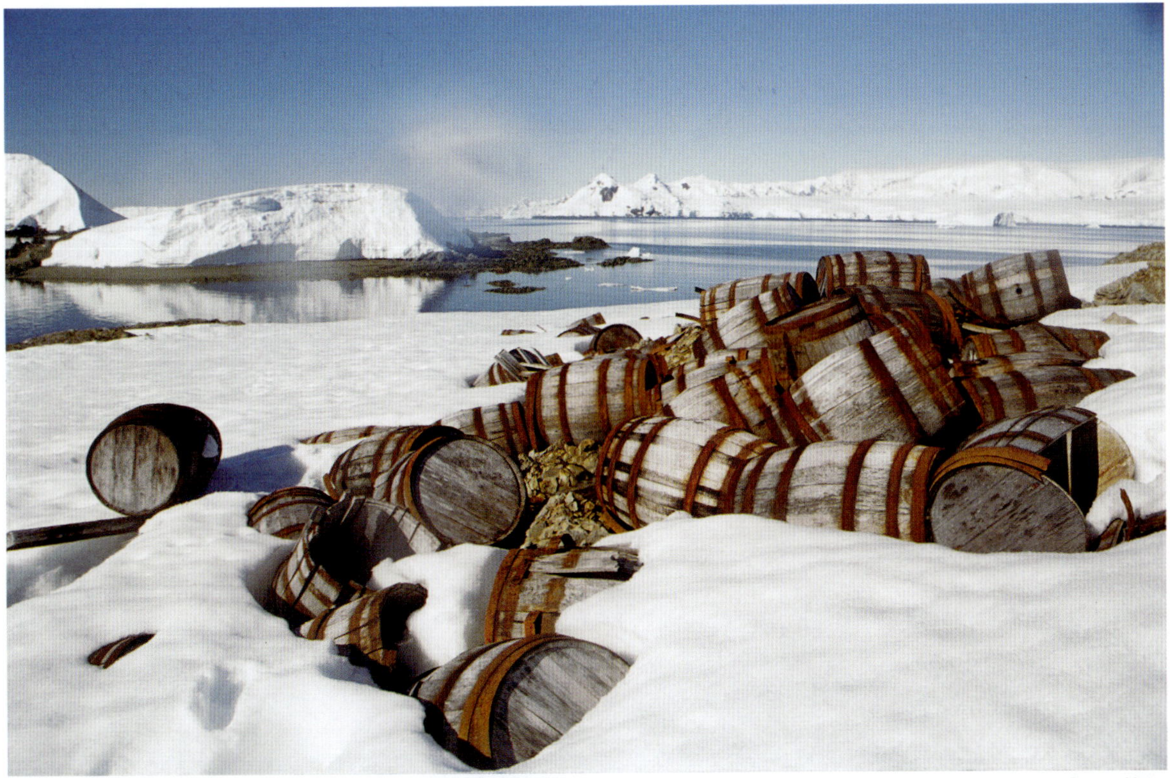

Factoría de ballenas en una isla.

*Whale factory at an island.*

Carlos Vairo

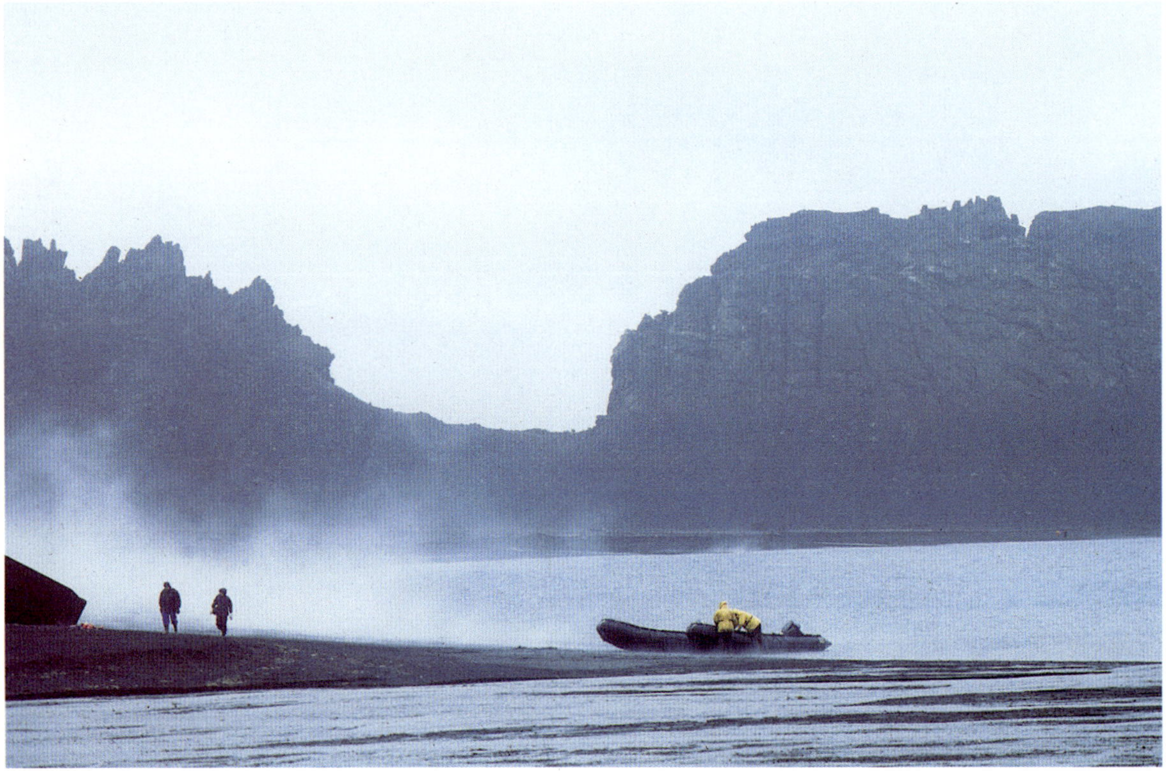

Isla Decepción.

*Deception Island.*

SERGIO ZAGIER

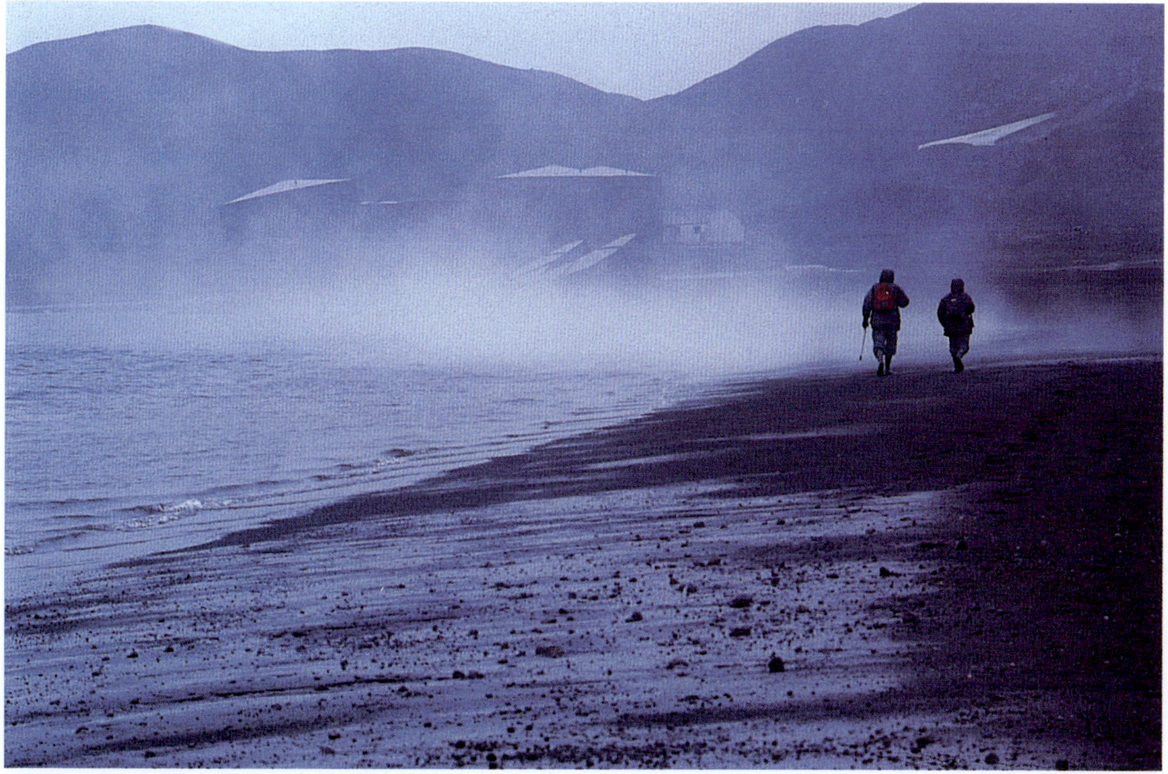

Instalaciones balleneras en Isla Decepción. SERGIO ZAGIER

*Whaling station at Deception Island.*

# Turismo

En la actualidad hay un gran auge del turismo antártico. Chile construyó una importante pista de aterrizaje y un hotel para llevar a sus turistas, medida muy criticada y en contravención al acuerdo de no llevar ni grandes contingentes ni contaminar con grandes aviones la atmósfera. Los demás países tratan de ajustarse a las recomendaciones de la VIIIª Reunión Consultiva que limita en unas pocas bases de las que hay (78) donde pueden bajar los turistas. De esta forma los científicos estudian el impacto ecológico producidos por los turistas en las colonias de aves y fauna.

Uno de los principales puertos de este turismo náutico es Ushuaia. Al contar con una importante infraestructura hotelera y de comunicación aérea, además del entorno natural tan espectacular, de ella zarpan durante el verano austral (noviembre a marzo) decenas de buques hacia la Antártida. Muchos recalan después de largos recorridos, otros recambian pasajeros y tripulaciones en este excelente puerto natural.

Las primeras excursiones con turistas Argentinos se realizaron con buques de Transportes Navales y ELMA (Líneas Marítimas Argentinas) en la temporada de verano 1958/59. Luego continuaron empresas como la Compañía Lind-

# *Tourism*

*Nowadays, Antarctic tourism is in vogue. Chile built an important runway and a hotel to lodge their tourists. This fact was highly criticized as is against the agreement that establishes that no large contingents should be allowed there and no large planes that can pollute the atmosphere. The rest of the countries try to respect the recommendations given by the Eighth Advisory Meeting that allows tourists to visit only a few of the 78 existent bases. So scientists study the environmental impact of tourists on birds colonies and on the fauna.*

*One of the main ports for this Nautical Tourism is Ushuaia. As this town has all the necessary facilities, hotels and aerial communication; apart from such a spectacular natural landscape. During the southern summer (January and February) tens of ships set sail from Ushuaia to Antarctica. Many of them land after long voyages, others change passengers and crews at this excellent harbor.*

*The first excursions with Argentine tourists were carried on with ships belonging to Naval Transports and ELMA (Argentine Maritime Lines) in the summer season of 1958/59. Then came companies such as Linblad that, with the ship of Naval Transports* (Lapataia), *started the age of voyages with international tourism. Other companies joined*

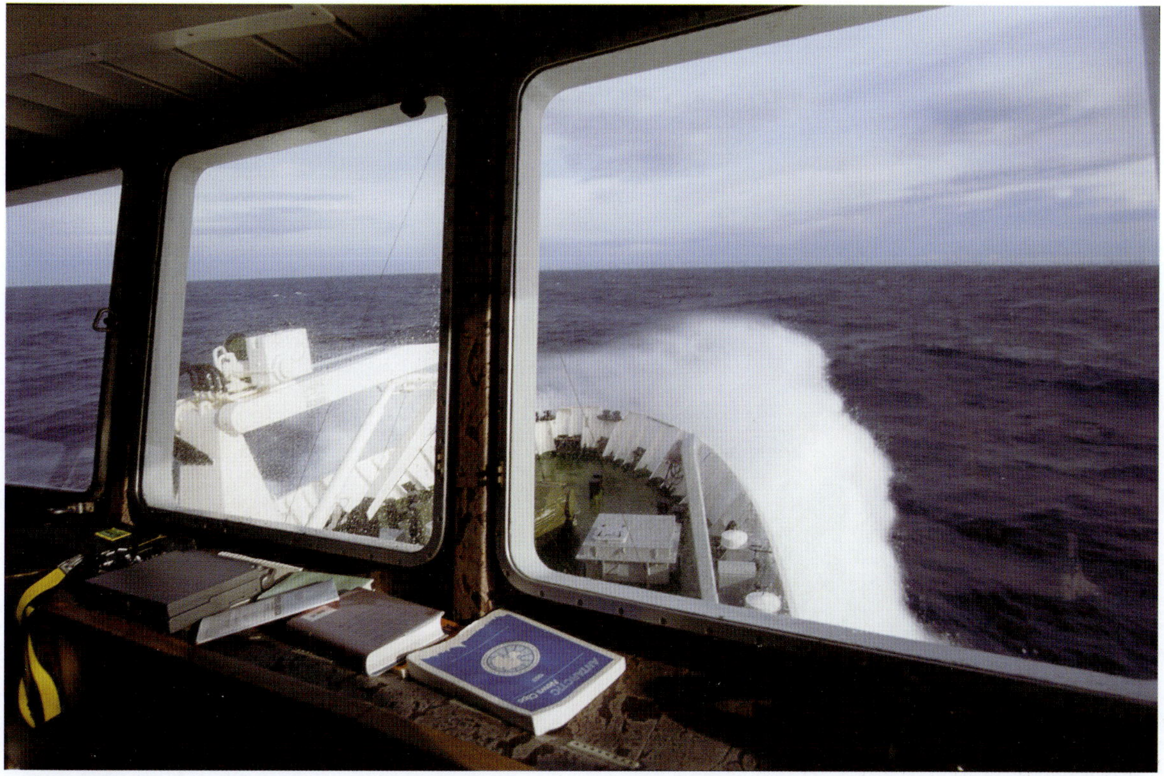

Pasaje Drake. SERGIO ZAGIER

*Drake Passage.*

blad que con un buque de Transportes Navales (*Lapataia*) dió comienzo a viajes con turistas internacionales. A esta iniciativa se sumaron muchas otras empresas como "Antartur", fletando rompehielos. Hoy en día la mayoría de los viajes son realizados con buques rompehielos de Rusia.

También de Ushuaia zarpan veleros que pasan un mes recorriendo la Península Antártica. Esta opción es para los amantes de la náutica un sueño de otra época convertido en realidad. Se trata de realizar un turismo con bajo impacto en el ecosistema. Lo logran, al no sobrevolar colonias de pingüinos ni pasearse constantemente con botes de goma molestando la fauna. Por otra parte, las visitas de estos veleros no pasan de las 10 personas por viaje; mucho menos que los miles de turistas apiñados en los modernos buques.

El Crecimiento del turismo antártico pasó de 2.230 pasajeros en el año 1992 a cerca de 13.000 en el 2003. Ushuaia concentra el 95% de los visitantes.

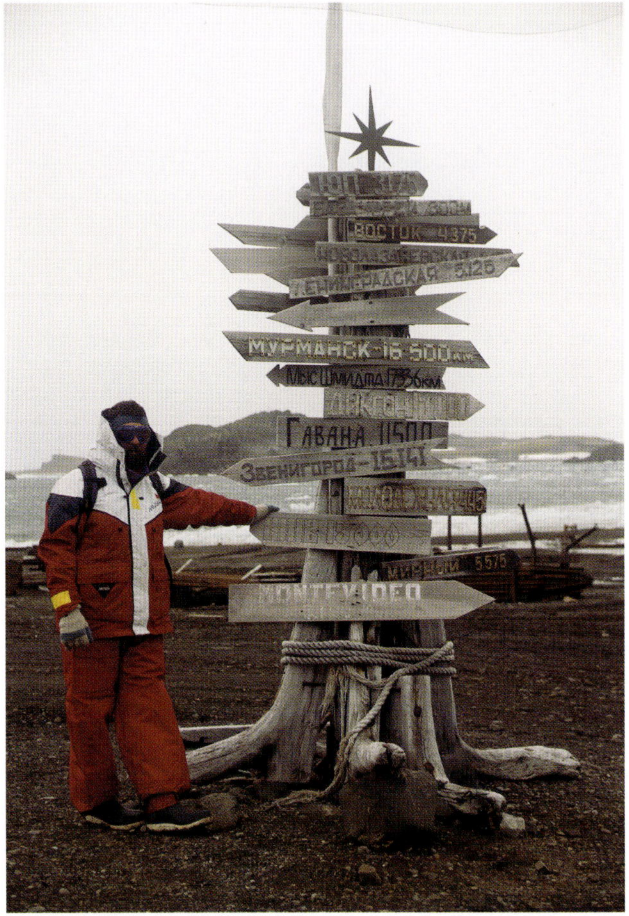


Base rusa en Isla 25 de Mayo. CARLOS VAIRO

*Russian Station (Bellingshausen) at King George island.*

*this initiative: Antartur, with its icebreakers. Today, most visitors come on board of icebreakers belonging to Russia.*

*Sailing ships also leave port from Ushuaia specially chartered to sail around the Antarctic Peninsula for a whole month. This tourist alternative is for navigation lovers: a dream coming true. On the other hand, these ships try to develop tourism with a low environmental impact. Of course they do, as they do not fly over penguin colonies and do not sail past constantly on rubber boats bothering the rest of the fauna. Besides, in these sailing ships no more than ten people meet on each voyage. Rather different from the thousands of tourists packed in modern ships.*

*The tourism to Antarctica grew from 2.230 visitors in 1992 to almost 13.000 in 2003. Throu Ushuaia's harbour departs the 95% of all the tourists that go to Antarctica.*

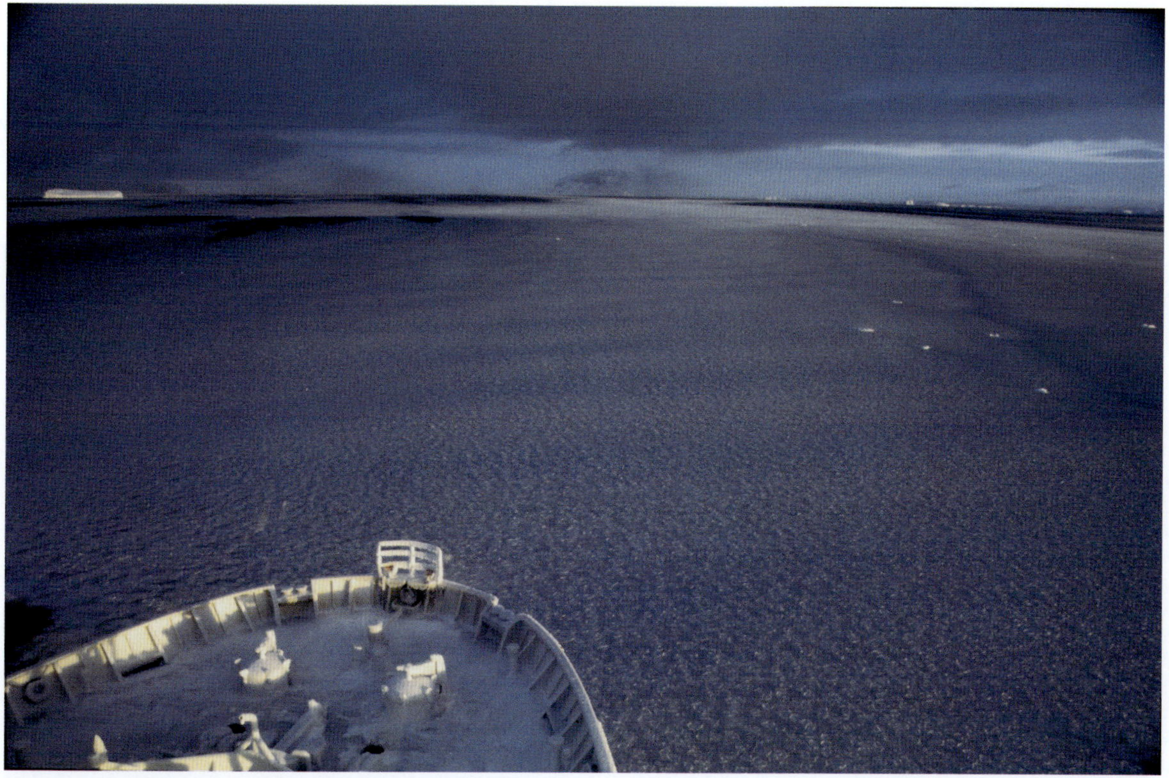

Mar de la Flota congelándose. Mayo, sol de mediodía. CARLOS VAIRO

*Bransfield Strait freezing. May, Sun at noon.*

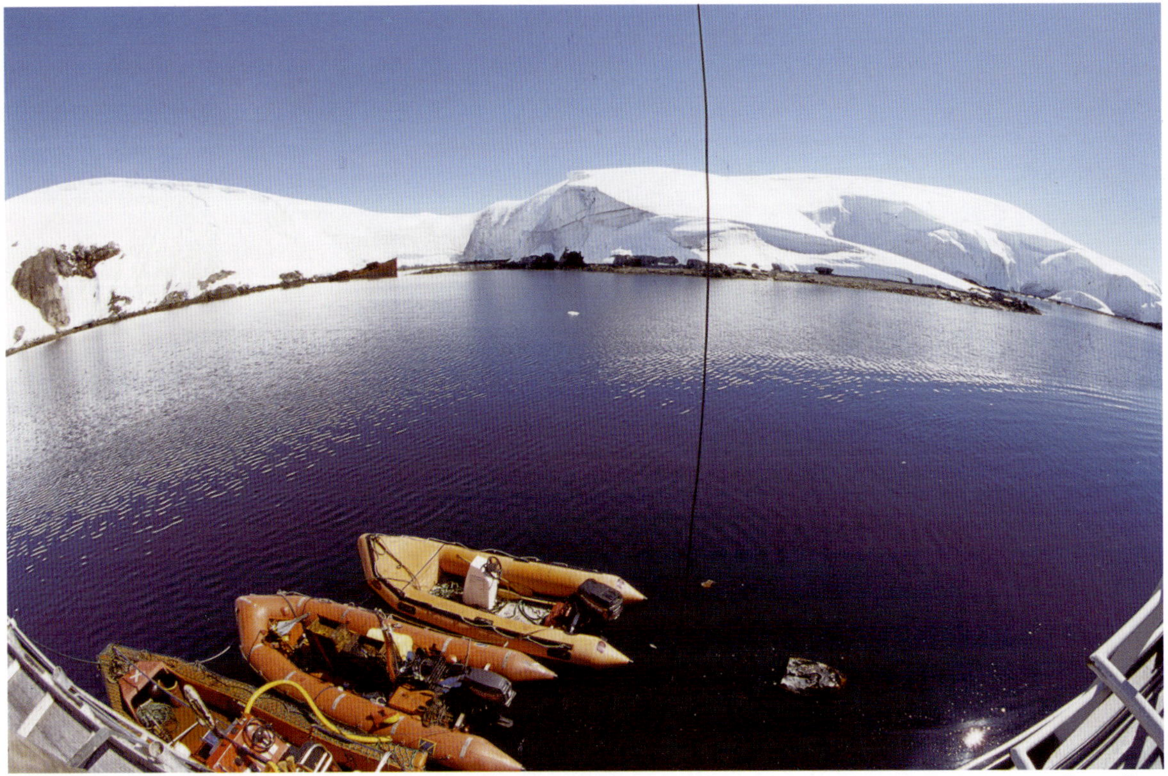

Isla Nansen y restos del *Governoren* desde el *Ice Lady Patagonia*.
*Enterprise Island, wreck of the* Governoren *seen from the* Ice Lady Patagonia.

CARLOS VAIRO

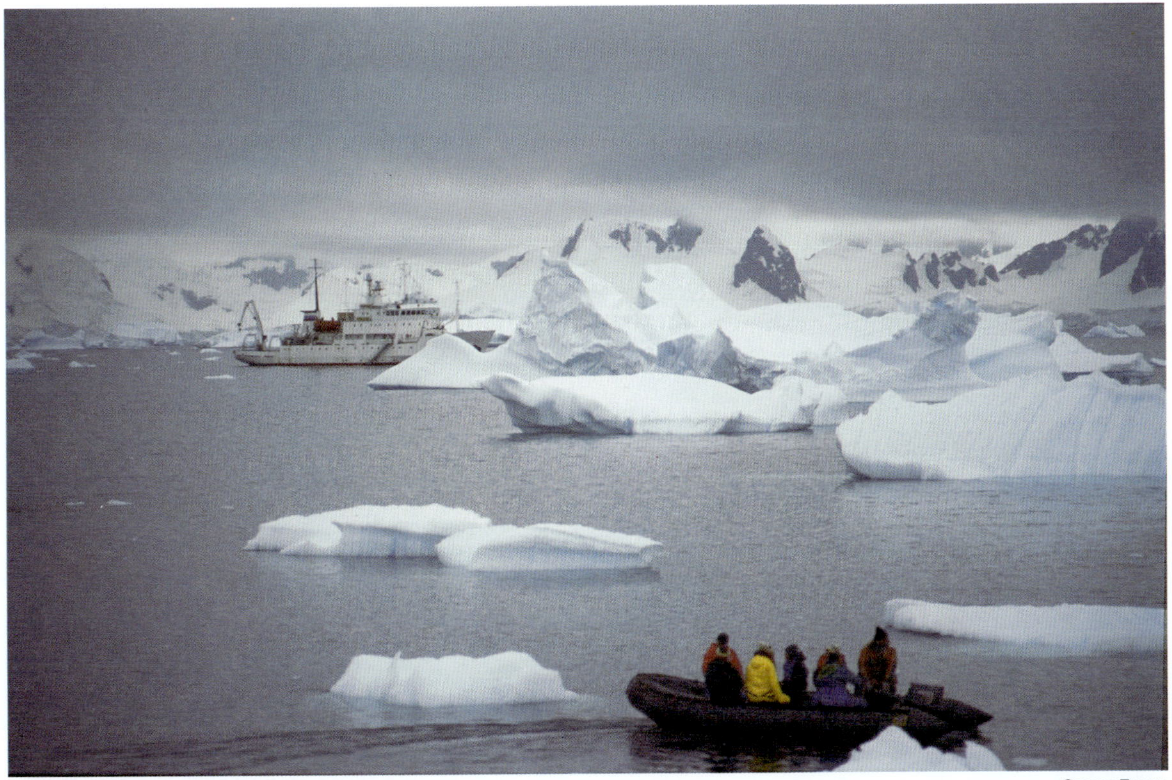

Turistas antárticos del *Professor Molchanov*.
Professor Molchanov's *Antarctic travelers.*

SERGIO ZAGIER

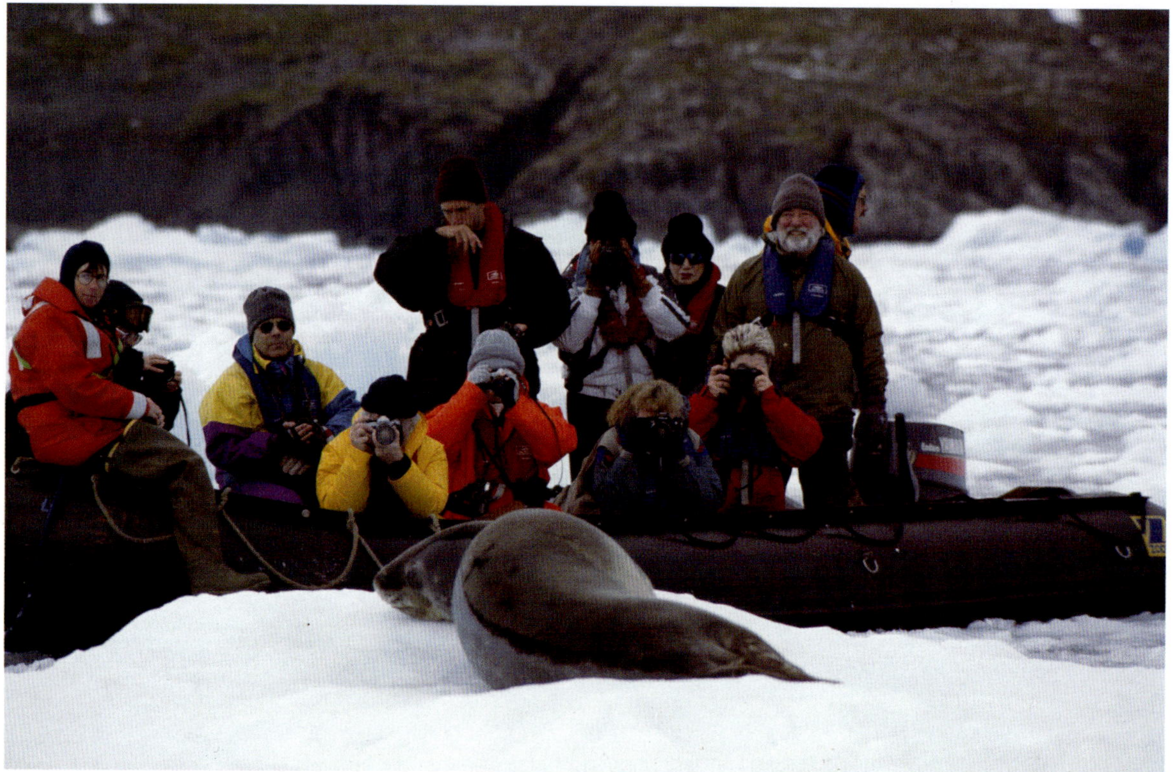

Turistas fotografiando un leopardo marino. SERGIO ZAGIER

*Tourists getting photographs of a leopard seal.*

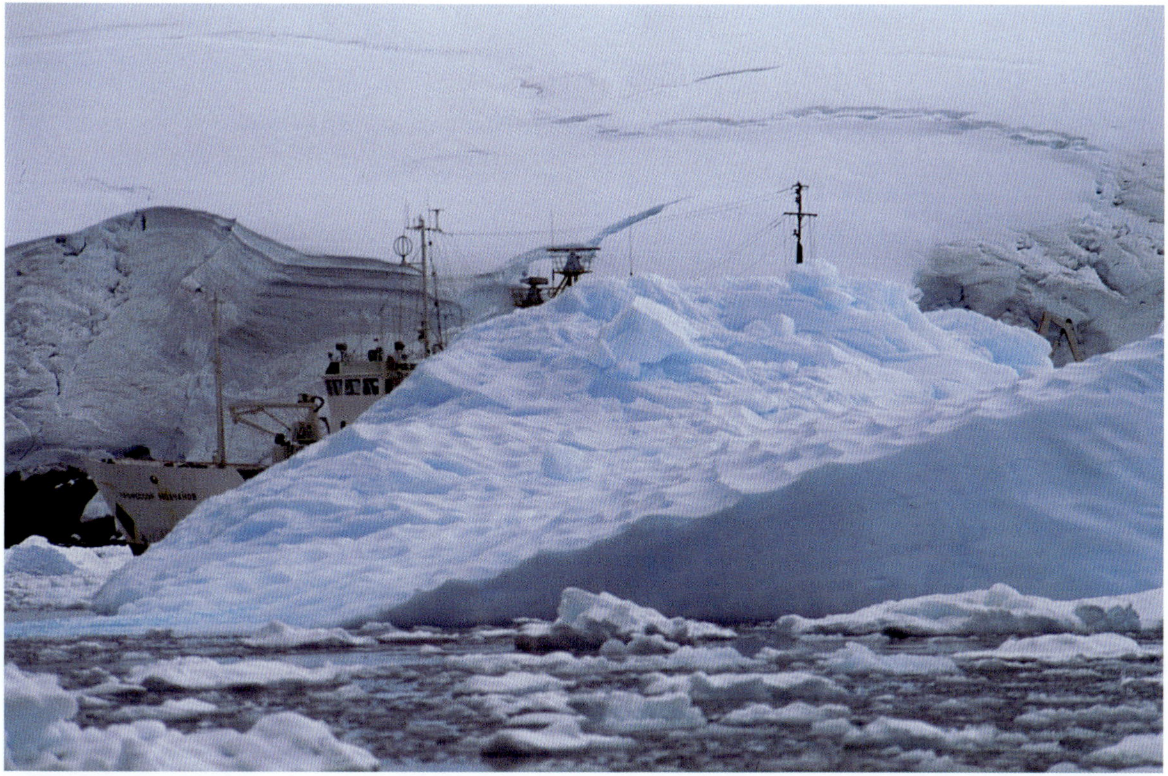

Navegando entre hielos.

*Navigating among icebergs.*

SERGIO ZAGIER

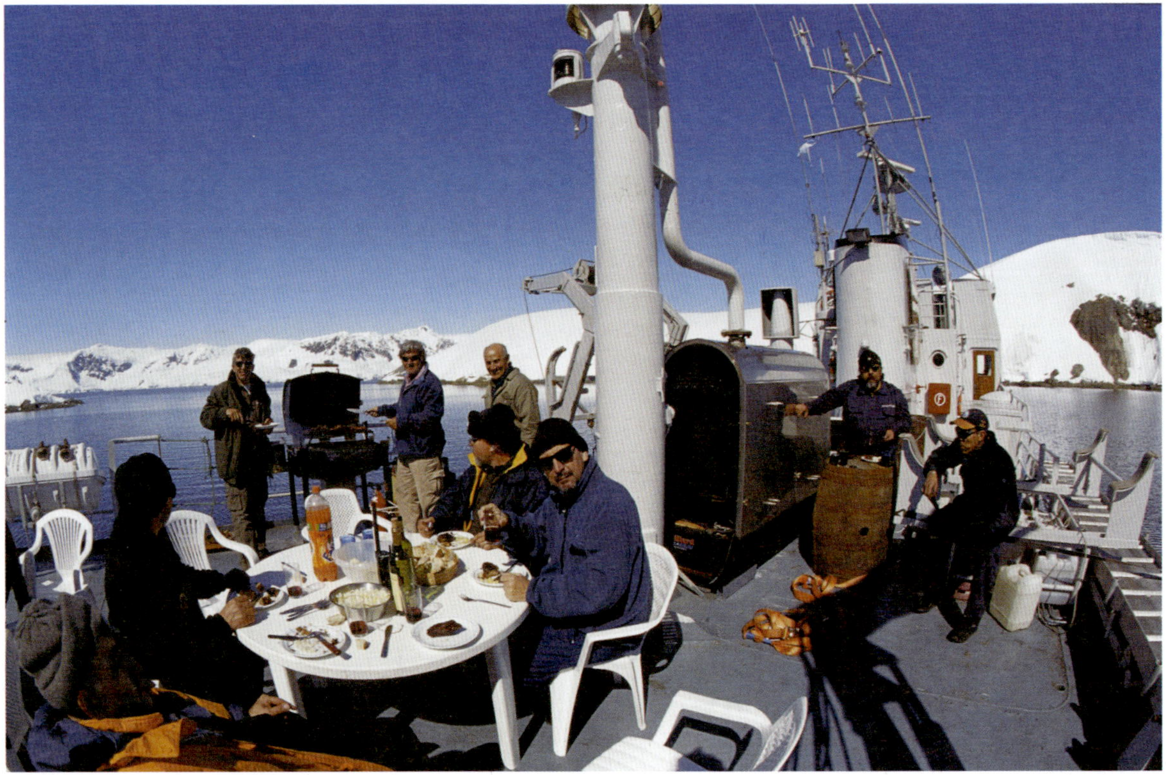

Asado en el *Ice Lady Patagonia*. CARLOS VAIRO

*Argentine barbacue on the* Ice Lady Patagonia.

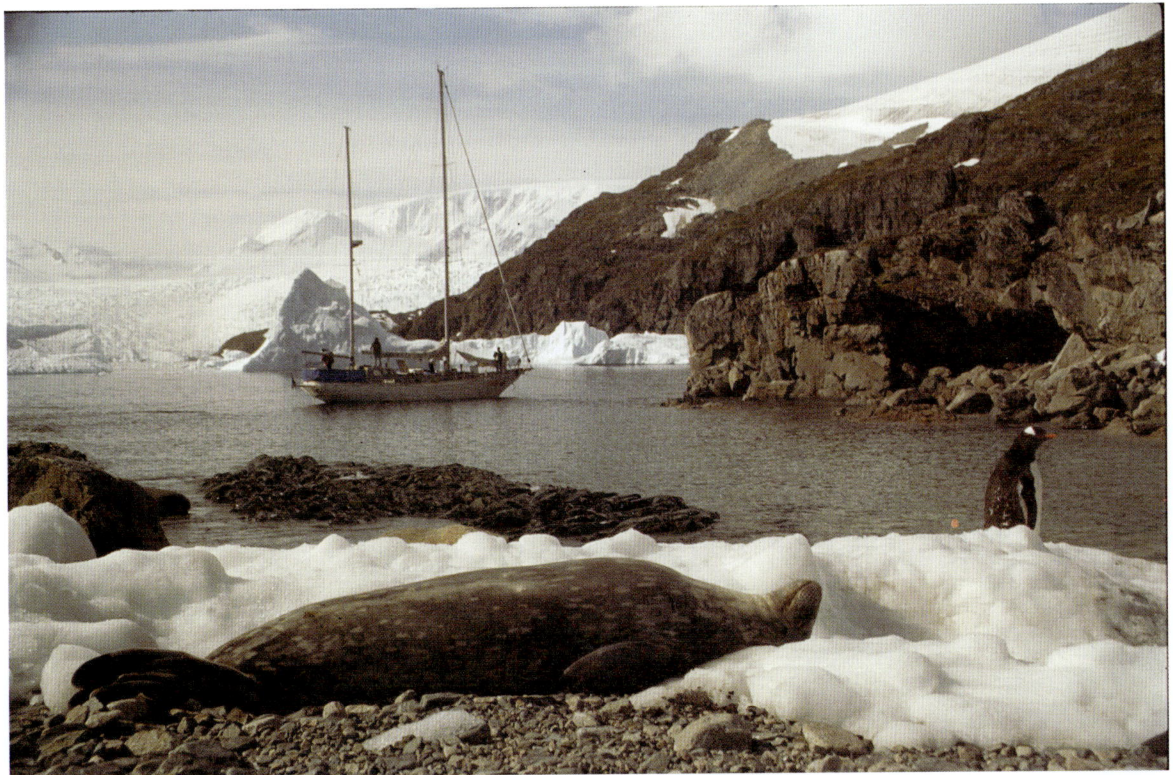

El *Callas* en Caleta Cierva, Base Primavera.

*The ketch* Callas *at Argentine Station Primavera.*

Carlos Vairo

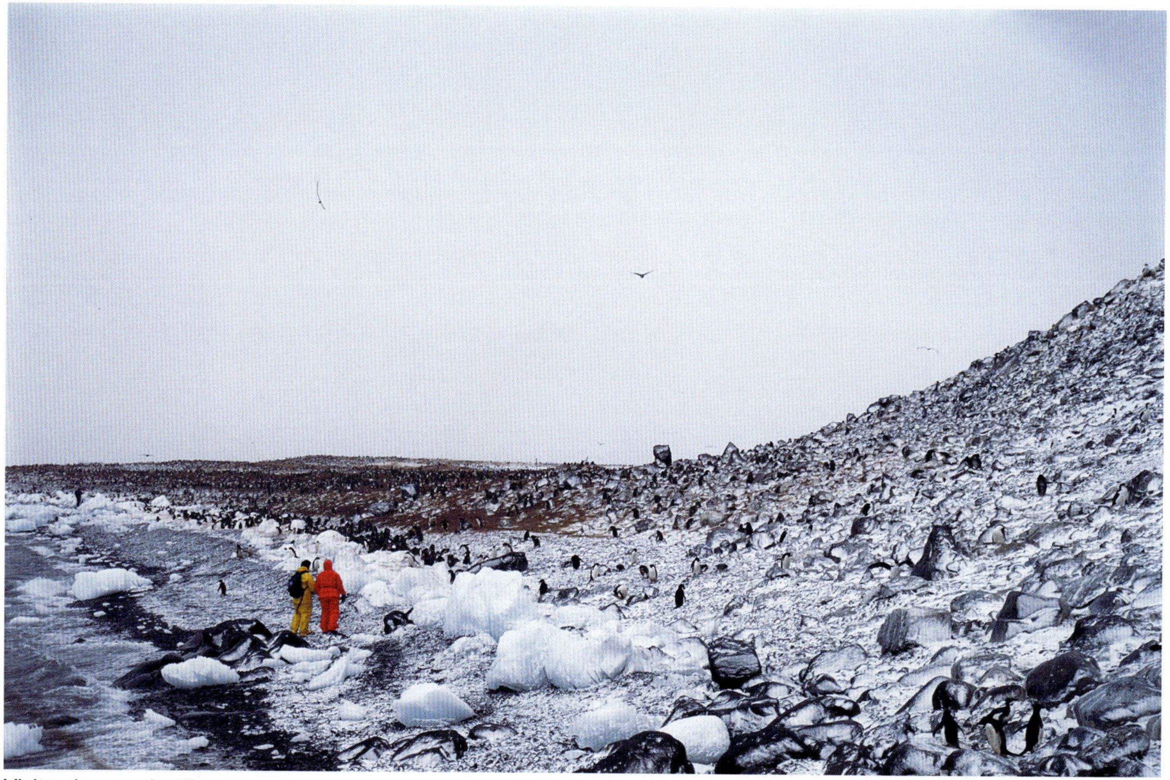

Visitando una pingüinera.

*Visiting a rockery.*

Sergio Zagier

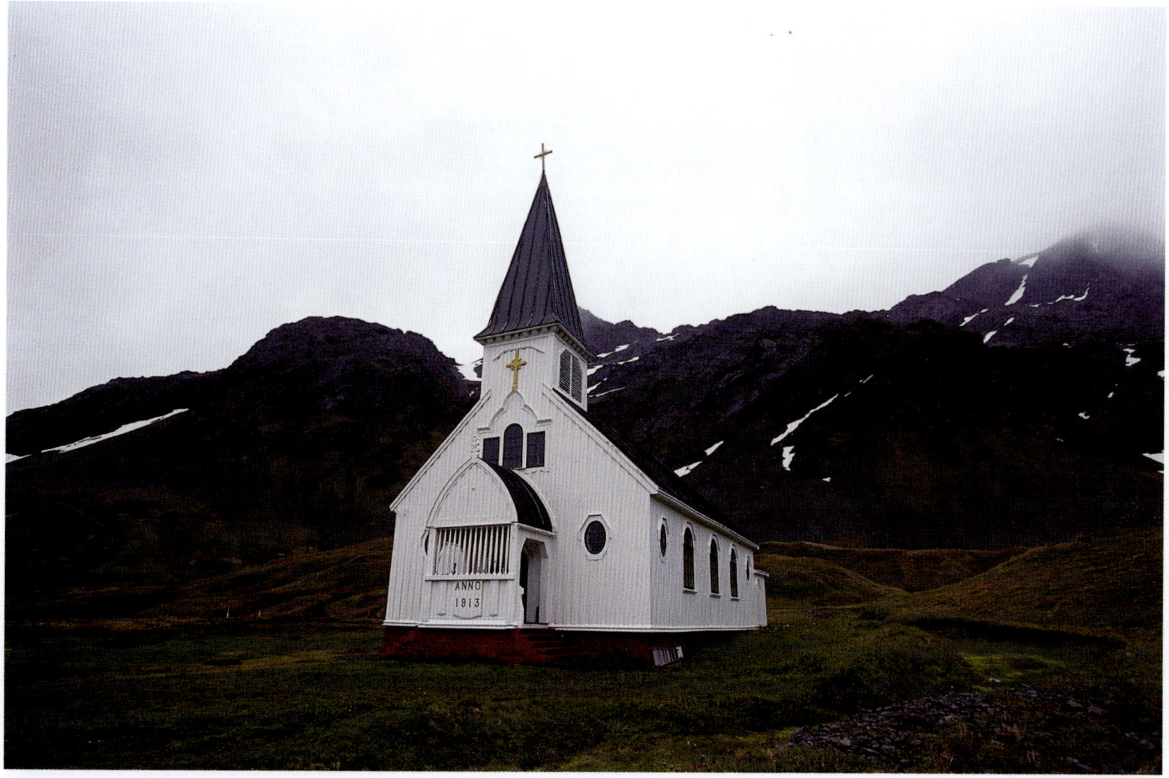

Iglesia de Grytviken, Georgias del Sur.

*Church at Grytviken, South Georgia.*

Santiago Imberti

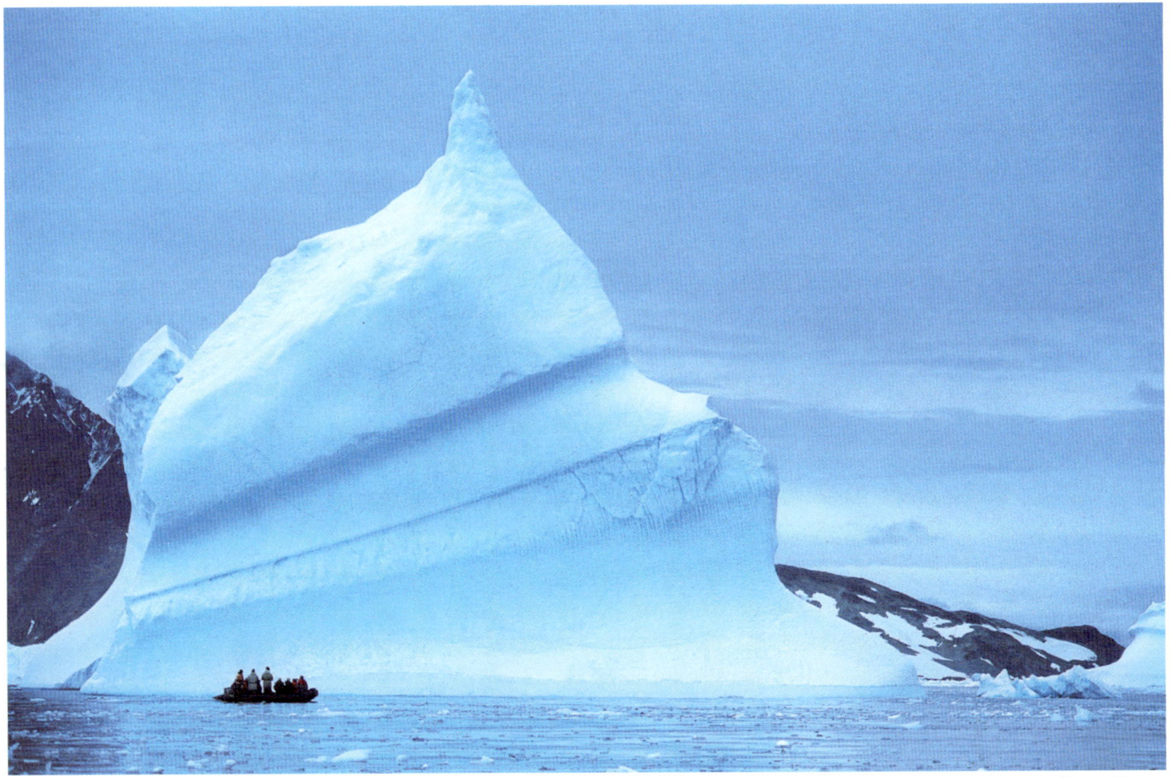

Acercándose a grandes témpanos.

*Nearing big icebergs.*

SERGIO ZAGIER